신상득 연작시집

울엄니

|프롤로그|

울 엄니 – 나팔꽃

울 엄니
이쁜 치매 앓으신다

이따금
몸 마음 생뚱맞아도
곱디고운 미소 해맑다

울 엄니
꺾꽂이 즐겨하신다

나뭇가지 짤따랗게 잘라
땅에 푸근히 꽂으면
웃음소리만치 해사한 이파리 돋는다

울 엄니
지난 초하룻날 돌연
땅바닥에 마른 막대기 꽂으셨다

죽은 나무가
뿌리내리길 바라시는 걸까?
어안이 벙벙하고 한숨이 어룽거렸다

그로부터
장맛비가 며칠
억수 뿌리고 간 아침나절

맑게 갠 하늘 향해
막대기 휘감아 오르는
사랑스런 나팔꽃 보았다

내 우둔함 적시는
먹먹한 눈물

씨앗 뿌리고
막대기 꽂은
그윽한 맘씨 정녕 몰랐다

그때 그 막대기
냉큼 뽑았더라면
나팔꽃 잡풀 속에 묻혀

울 엄니
이쁜 치매 아픈 치매로 오고
아픈 치매 슬픈 치매로 왔으리니

오늘 아침
나팔꽃 따라
웃음이 피고 한숨이 졌다

울 엄니
참으로 고매한
이쁜 치매 앓으신다

2016. 7. 6. 〈박경순〉

일본에 사는 친구 박경순이 카카오톡에 올린 글이다. 물론 필자가 시로 고쳐 썼다. 그는 20대 초반 공장에 함께 근무했던 추억을 공유한다. 80년대 일본으로 시집가 지금껏 살고 있다. 몇 해 전 연락이 닿아 단체 카카오톡에서 대화를 나누게 되었다. 그는 가끔 치매 앓으시는 시어머니 글을 올렸다. 고운 치매라고 말하는 마음씨가 더 없이 고왔다. '나팔꽃'으로 수정해 보냈더니 고맙다 했다. 눈가에 맺힌 이슬은 보지 않아도 선연하였다.

이 일로 필자는 어머니를 떠올렸다. 지독히 가난했던 70년대 자식 키웠던 어머니, 그리고 그 시절 국민학생이었던 필자. 어릴 적 궁핍 속에서 피어난 따사로운 사랑, 이미 세상을 뜨신 어머니. 필자는 추억의 책장을 펼치기로 했다. 시리즈 100편에 책장 속 이야기를 녹여내기로 했다. 과거 써 두었던 글 '밤(栗)'을 찾아 울 엄니 시리즈 1번으로 했다. 물론 친구 이야기 '나팔꽃'은 울 엄니 시리즈 0번이다.

지우개 따먹던 이야기, 크레용을 사지 못해 벌서던 이야기, 고향 함경도를 애타게 그리다 쓸쓸히 이승 마감한 아바이 이야기, 명태잡고 오징어 말리던 바닷가 이야기, 교실 바닥에 엎드려 들기름 칠하던 이야기, 해일이 일어 죽을 뻔했던 이야기, 검정고무신 잃어버리고 애태웠던 이야기, 영랑호에 빠져 불귀의 객이 된 친구 이야기, 오줌싸개 이야기…. 무궁무진한 추억 어느 하나 애틋하지 않은 게 없었다. 여기 수록된 작품은 속초와 고성이 주 무대이지만 이 시대를 산 사람이라면 누구나 공감할 수 있는 이야기다.

2016년 가을부터 2년에 걸쳐 틈틈이 울 엄니 시리즈를 썼다. 대부분 필자의 국민학생 시절 이야기로, 글의 형식을 굳이 따지자면 이야기가 있는 '수필형 서사시'다. 서정시도 있으나 울 엄니 관련 시리즈로 한결같다. 형식이야 어쨌든 추억의 편린(片鱗)을 책장에서 하나씩 꺼내는 일은 흐뭇했다. 정리하는 내내 가슴은 애잔하고 추억은 짜릿했다.

필자는 월남한 어부의 아들로 살았지만 어떤 이는 교육자의 아들로서, 어떤 이는 시장 상인의 딸로서 살았다. 또 어떤 이는 부농의 아들로서, 또 어떤 이는 소작농의 딸로서 살았다. 부유했든 가난했든 우리는 성장했고 지금은 2019년을 살아가고 있다. 꼬맹이 머리에도 어느새 희끗희끗 눈이 내리고, 얼굴에는 오글거리는 잔주름이 깊어지고 있다.

이 글을 쓰는 내내 고향 친구들과 선후배 독려는 헌걸찼다. 100편 중 일부를 재경속초고교 밴드와 속초시민회 밴드에 올리곤 했는데, 그때마다 과분한 찬사로 힘을 실어 주었다. "추억을 되새기게 해 줘 고맙다"는 친구의 전화는 흐뭇했고, "글을 읽고 집 사람이 눈물 흘렸다"던 선배 말씀은 숙연했으며, "다음 글이 기다려진다"던 후배 지지는 진지하였다. 여기 글은 이 분들의 에너지로 만들어졌다.

작품집을 내면서 자그마한 꿈이 있다면, 추억을 망실하고 사는 우리가 이 작품집을 통해 잠시나마 추억여행을 만끽했으면, 고향 없이 사는 요즘 아이들이 부모 세대를 다소나마 헤아렸으면 더 없이 좋겠다는 바람이다. 참고로 여기 수록한 글은 쓴 순서대로 배열했다. 생각나는 대로 떠오르는 대로 써 내려갔고, 글마다 쓴 날짜를 기록했다. 그것도 훗날 하나의 역사이기에.

끝으로 필자의 글과 조영길 화백의 솜씨를 분에 넘치는 찬사로 엮어 이 책자 발간을 제안해 주신 속초고 선후배(김영길 김철 김용진 길성현 신준철 김수호 홍영희)께 감사를 드린다. 특히 책자 발간 비용을 선뜻 지원해 준 최정수 친구와 강광원 재경속초시민회장(태은순 사무총장), 속초고 28회 동창 친구들께 심심한 사의(謝意)를 표한다.

작가 프로필 사진을 자진 촬영해 주신 몽스튜디오 이원국 선배, 편집을 맡아 일하던 중 갑자기 유명을 달리한 최승현 친구, 끝까지 편집을 마무리하면서 출간을 총괄 지휘한 최순복 친구, 늠름하고 우아한 서체를 써주신 임제철 사부, 어릴 적 추억을 공유하는 영랑 21회 김두길 김혜경 등 초등학교 친구들께도 깊은 감사의 뜻을 표한다.

속초에서 글을 쓰는 동안 함께 어울렸던 이중길 회장을 비롯한 1028축구회, 우리FC, 거북이, 80 등 속초 축구협회 회원들께도 고마움을 전한다. 윤인수 재경속초고 총동문회장(우성철 사무총장), 이미옥 재경속초여고 총동문회장(조명해 사무총장), 신동수 재경설악고 총동문회장(박대광 사무총장), 속초여고 17회 친구들(김미숙 최동옥 정진숙 천해숙 등)에게도 감사함을 전한다. 바쁜 와중에 특별히 교정을 보아 주신 강문 선배, 그리고 늘 곁에 머무르면서 웃음 짓고 사는 아내야말로 말로 다 할 수 없는 고마움 그 자체다.

2019. 4.

|목차|

프롤로그 · 4

울 엄니 1 – 밤(栗) · 12
울 엄니 2 – 코스모스 · 13
울 엄니 3 – 저녁 등교 · 15
울 엄니 4 – 맘껏 채워 두렴 · 18
울 엄니 5 – 떫은 감 · 20
울 엄니 6 – 똥의 추억 · 24
울 엄니 7 – 잘 살아야 한다 · 27
울 엄니 8 – 천천히 사는 맛 · 31
울 엄니 9 – 쉬어가야 할지라 · 34
울 엄니 10 – 똥꼬 · 38
울 엄니 11 – 돋보기 · 41
울 엄니 12 – 백견(白犬) · 44
울 엄니 13 – 찹쌀떡과 강낭콩빵 · 48
울 엄니 14 – 연필 · 52
울 엄니 15 – 적벽대전 · 54
울 엄니 16 – 아바이와 간나새끼 · 56
울 엄니 17 – 크레파스 · 59
울 엄니 18 – 자활촌과 납작보리 · 63
울 엄니 19 – 속초의 바람 · 66
울 엄니 20 – 이사 · 69
울 엄니 21 – 연탄가스 · 74
울 엄니 22 – 분노의 왼발 · 77
울 엄니 23 – 곰표 밀가루 · 80
울 엄니 24 – 분식의 날 · 84
울 엄니 25 – 동동 구리무 · 88

울 엄니 26 - 검정 고무신 · 92

울 엄니 27 - 국록(國祿) · 96

울 엄니 28 - 수학여행 · 99

울 엄니 29 - 소년과 바다 · 103

울 엄니 30 - 해일 1968 · 108

울 엄니 31 - 입학통지서 · 115

울 엄니 32 - 가슴 손수건 · 118

울 엄니 33 - 개구멍 · 121

울 엄니 34 - 들기름 · 124

울 엄니 35 - 마른 펌프질 · 129

울 엄니 36 - 우리 집 · 134

울 엄니 37 - 도쿠리 · 138

울 엄니 38 - 등대 · 142

울 엄니 39 - 철부지 훈육 · 145

울 엄니 40 - 골뱅이 · 149

울 엄니 41 - 오줌싸개 · 153

울 엄니 42 - 새 동생 · 158

울 엄니 43 - 모르는 게 약 · 162

울 엄니 44 - 채변봉투 · 165

울 엄니 45 - 쥐잡기 운동 · 170

울 엄니 46 - 매미 · 174

울 엄니 47 - 키 · 175

울 엄니 48 - 비나이다 · 176

울 엄니 49 - 향수병 · 177

울 엄니 50 - 다리미 · 180

울 엄니 51 - 옥수수빵(1) · 182

울 엄니 52 – 옥수수빵(2) · 189

울 엄니 53 – 찌게 그리고 안주일절 · 192

울 엄니 54 – 16절지 · 194

울 엄니 55 – 청양고추 · 197

울 엄니 56 – 야매 이발소 · 199

울 엄니 57 – 사기축구 · 203

울 엄니 58 – 눈 거 차 아래 · 208

울 엄니 59 – 땅 따먹기 · 213

울 엄니 60 – 쌈치기 · 215

울 엄니 61 – 우리 집에 왜 왔니 · 222

울 엄니 62 – 믿음 · 226

울 엄니 63 – 몸뻬 · 231

울 엄니 64 – 아주 특별한 아이 · 236

울 엄니 65 – 무 구덩이 · 240

울 엄니 66 – 설 1975 · 244

울 엄니 67 – 그게 끝이 아니라면 · 248

울 엄니 68 – 인간사표를 써라 · 252

울 엄니 69 – 이별의식 · 256

울 엄니 70 – 다방구 · 258

울 엄니 71 – 오줌놀이 · 262

울 엄니 72 – 껌종이 따먹기 · 266

울 엄니 73 – 병뚜껑 따먹기 · 270

울 엄니 74 – 율구 · 274

울 엄니 75 – 빙구(氷具) · 279

울 엄니 76 – 찍어먹기 · 284

울 엄니 77 – 개락 · 290

울 엄니 78 － 젖 · 293

울 엄니 79 － 우량아 선발대회 · 297

울 엄니 80 － 고무줄차 · 302

울 엄니 81 － 반달 · 306

울 엄니 82 － 외팔이 드래건 · 310

울 엄니 83 － 취로사업 · 314

울 엄니 84 － 허리케인 죠 · 319

울 엄니 85 － 째복 · 322

울 엄니 86 － 갯배 · 325

울 엄니 87 － 폭풍전야 · 329

울 엄니 88 － 파도 · 332

울 엄니 89 － 애가 말라 죽겠네 · 337

울 엄니 90 － 망선배 · 340

울 엄니 91 － 숨비소리 · 348

울 엄니 92 － 젊은 엄마 · 350

울 엄니 93 － 망가진 도시락 · 353

울 엄니 94 － 광포화약 · 358

울 엄니 95 － 아카시아 · 362

울 엄니 96 － 자유교양 · 368

울 엄니 97 － 곤봉과 아령 · 372

울 엄니 98 － 여로(女路) · 378

울 엄니 99 － 전과 · 385

울 엄니 100 － 오징어 · 389

에필로그 · 394

6080추억스케치 1 누나 · 394

6080추억스케치 2 아찔한 기억 · 397

밤(栗)　　　　　　　　　　－ 울 엄니 1

울 엄니
해마다 가을 새벽이면 밤 주우러 나가셨다
철부지 자식들 곤히 자는 시각 밤 주우러 나가셨다

울 엄니
밤 주우며 깊은 사랑 주웠다
자식들 먹이는 일 마냥 즐거웠다

밤 주우며 간절한 염원(念願)도 주웠다
그 하뭇한 기도로 지금 내가 살고 있다

울 엄니
밤 주우며 넉넉한 행복 주웠다
우묵하게 살아 있는 귀함 알았다

밤 주우며 찌릿한 깨우침도 주웠다
못난 자식 비척거려도 전혀 서럽지 않았다

울 엄니
지금은 까만 머리에 하얀 눈 맞으며
쓸쓸히 고스란 세월 줍는다

그리고 나는 가을 새벽
울 엄니 하얘진 머리칼 보면서
덧없이 애절(哀切)한 아픔 줍는다

2011. 10. 10.

코스모스   − 울 엄니 2

울 엄니
자식 낳을 때마다
돌계단 정성스레 쌓으시고
분홍빛 코스모스 사랑스레 심으셨다

내가 곁에 없거든
향기라도 느끼렴

울 엄니
이리 말씀하시고 외출하시면
꽃향기 맡고 이파리 어루만지며
날 저물도록 코스모스에 취하곤 하였다

하지만 어느 새
새털 같은 시간 흐르고
머리에 서리 내리는 가을 오니
울 엄니도 없고 울 엄니 심은 코스모스도 없다

내가 곁에 없거든
향기라도 느끼렴

그럴수록
귓가에 맴도는 애잔한 목소리
곁에 없음이
일시 외출이 아니라 영원한 이별이었으매

오오
나 죽거든
내 향기라도 느끼라는 뜻
미처 가늠하지 못한 둔마(鈍馬)의 서글픔이여!

내가 곁에 없거든
향기라도 느끼렴

오늘 한강변 활짝 핀 코스모스를 본다
꽃잎에서는 울 엄니 미소를
이파리에서는 울 엄니 손짓을
꽃대에서는 울 엄니 지조를 느낀다

이 가을 가기 전
정성껏 돌계단 쌓고
하얀 코스모스 사랑스레 심어야겠다
울 엄니처럼 아이들에게 이렇게 일러주면서

내가 곁에 없거든
향기라도 느끼렴

2016. 9. 16.

저녁 등교 　　　　　－ 울 엄니 3

햇살 나른한 유 월 중순
스르르 낮잠 곯아떨어진 사 학년 아들
큰 일 났다 소리치며 방에서 뛰쳐나온다

식사 기다리며
거실 텔레비전 보던 식구들
휘둥그레진 눈 아들 손에 들린 책가방

서둘러 까닭 물으니
당번인데 늦었다고
소리치며 현관문 박차고

시곗바늘은 일곱 시 반
분위기 감지하고 다들 박장대소
잠시 후 아들 풀죽은 표정으로 돌아왔다

왜 돌아왔느냐는 짓궂은 질문
한참 달려가는데 이상하더란다
등교하는 학생이 전혀 보이지 않더란다

기억 저편에 고이 잠들었던
추억 한 토막이
성광(星光)처럼 날아들었다

일어나
학교 가야지

잠든 소년
작은형이 흔들어 깨운다
벌떡 일곱 시 가리키는 탁상시계

가방 들고 나서는 집
옆집 명연 누나
키들거리며 학교 잘 다녀오라 한다

잔뜩 흐린 날씨 터벅터벅 걸어
쇳대 풀고 칠판에 아침공부 써 나갔으나
기이했다

아침공부 쓰노라면
친구들 등교하게 마련인데
아무도 나타나지 않았으니까

창밖은 시나브로 어둠살
운동장에 깔리는 짙은 땅거미
얼굴 벌게져 집으로 내달렸다

왜 놀리고 그래?

씩씩거리며 노려보자
낄낄거리던 형 어안 벙벙한 웃음
깔깔거리던 누나 민망한 미소

놀림당한 억울함
훼손당한 자존감
코끝 찡하고 눈시울 그렁그렁

억울해 할 것 없다
다 너 잘못이니까

울 엄니 말씀에
닭똥처럼
뚜두두둑 떨어지는 눈물

시간 착각 대물림
그 아비에 그 아들
가만가만 회상하니 옳으신 말씀

사랑을 하든
이별을 하든
누굴 탓할 수 있으랴

모두 자신이 내린 결정이거늘
제꺽하면 남 탓 일삼는 세태
울 엄니 말씀 휘호라도 써 붙여야겠다

억울해 할 것 없다
다 너 잘못이니까

2016. 10. 21.

맘껏 채워 두렴   - 울 엄니 4

먹을 수 있을 때
맘껏 채워 두렴

한반도에 가난이
모질게 똬리 틀었던 칠공 년대

물고기 눈치 살피며
걸핏하면 끼니 걱정하던 시절

식탁 푸짐한
겨울 음식 남기면

어깨는 토닥였으나
울 엄니 어조는 단호하셨다

겨울 명태가 나야
호황 누리는 바닷가 동리

설 명절 끝으로
성어기 지나면

보릿고개 버금가는
팍팍한 곤궁(困窮)으로 피죽 끓여야 했다

지금 먹어 둔다고
봄날까지 배부를 리 있을까?

중얼거리면서도
꾸역꾸역 남은 음식 깡그리 비웠다

까마득히 흐르니
그런 나날 언제였던가?

먹을 것 버릴 것
마구 넘쳐나는 세상

새로이 다가오는
울 엄니 속삭임

먹을 수 있을 때
맘껏 채워 두렴

미리 채워둔 가슴은
오래도록 곤궁하지 않으리니

미리 채워둔 지혜는
오래도록 조급하지 않으리니

2016. 12. 11.

떫은 감　　　　　　　－울 엄니 5

동생 잘 돌봐야 한다
보름 뒤 감 가져다 줄 테니까

해마다 늦가을
간성 사는 사촌 이모 댁에서
울 엄니 감 얻어다 먹이셨다

아버지 도와 그물 일 하시는 동안
간성 가기 보름 전부터
아들에게 날마다 세 동생 돌보게 하셨고

미끼로 던진 달달한 감
실컷 먹을 생각에
수제비도 끓이고 연탄도 사다 갈았다

떫은 맛 없애려면
따뜻한 물에 사나흘 담가 둬야 해

왕복 삼십 리 길
아바이 그물 일 없는 날 골라
막내 업고 하루 꼬박 다녀와서는

항아리에 떫은 감 넣고
더운 물 채우고는
이불로 꽁꽁 싸매 아랫목에 모셨다

이제나저제나
소년 동공은
아랫목 항아리에 집중

학교 파하면
곧장 집으로 달려가
뚫어져라 달달한 감 학수고대하였다

사나흘을
사흘 또는 나흘로 간주하는 잔꾀
사흘째 되던 날 슬며시 감 꺼내 맛보다

한 개가
눈 깜짝할 새
쉰 개로 불어나 버렸다

소년과 동생 두 개씩 먹고
밖에 나가 자랑으로 떠벌리니
친구들 우르르 몰려들어 아우성

여기에 길 가던
아주머니까지 손 내미니
찰나에 반 접이 사라진 것

어둑어둑 어스름
아이들 배 두드리며 돌아가고
항아리가 절반가량 비었을 무렵

울 엄니 허락 없이
단감에 손 댄 죄
거침없이 밀려드는 뉘우침

젖은 이부자리
어지러이 나뒹구는 감꼭지
퀴퀴하고 습습한 범행의 향취

귀가한 울 엄니 시선은
자연스럽게
허투루 싸매진 항아리에 꽂히고

우물거리다 울먹이는 얼굴
가슴으로 품어
잔잔히 등 쓰다듬으시고는

이불 걷어내
물 갈고
마른 이불로 다시 감쌌다

정성들인 감인데
아깝지도 않던?

스무 해 지난 어느 날
감 드시던 울 엄니
추억 떠올려 이렇게 물으셨으나

정성이란 말보다
아깝다는 말에 방점
말뜻 선선히 귀에 들어오지 않다가

울 엄니 세상 뜨고 나서야
돌연 정성이란 말에 눈 뜨여
꿀꺽 관조(觀照)하니 오호 탄식이로세

모두가 궁핍(窮乏)한 시절
나눠 먹는 가치
어찌 고결(高潔)하지 않았으랴만

사촌에게 한 나절 감을 따주고야
한 접 얻을 수 있었던
울 엄니 수고 알아채지 못한 딱함

며칠을 벼르고 별러
삼십 리 길 다녀온
울 엄니 정성 헤아리지 못한 우매함

때늦은 각성 너무 아파
그저 잠잠히
영정 품고 흐느껴야 했다

2016. 12. 23.

똥의 추억　　　　　－울 엄니 6

피죽 끓여 먹던 시절
먹을 건 변변치 않아도

똥은 산지사방 넘쳐나
눈코에 속속들이 작열하였다

마당에는 두엄이 수북수북
밭 어귀에는 구덩이가 우렁우렁

오 원 내고 드나들던 공중변소
너저분한 변란(便亂) 곧잘 일었다

뱃사람들 시장상인들
아옹다옹 변소 뒤에서 다투고

문고리 고장 잦아
훤한 엉덩이 다반사로 들켰다

학교 재래식 화장실
귀신 나온다는 소문에 덜덜 떨고

바닥에 널브러진 오동 피하느라
적잖이 진땀 뺐다

똥 퍼!
마을마다 푸는 아저씨
손수레 끌며 소리치면

나도 퍼!
코흘리개 꼬맹이들
키들키들 뒤따르며 외쳤다

밭에 뿌리지 않고
바다에 버리는 얌통머리도 들끓어

꼬맹이들 헤엄치노라면
주변에 똥 덩어리 둥둥 넘실거렸다

엄마 좀 도우렴

따사로운 봄날 거름 주려고
울 엄니랑 바가지 드는 날에는

덩어리 틈새로 졸랑졸랑
구더기 헤엄치며 물살 갈랐다

변덕스러운 시간
반세기 간극 뛰어넘어

먹을 건 넘쳐나도
변 보기 변변찮아

변소는 화장실로
똥내는 향내로 바뀌었다

똥 퍼
나도 퍼

짓궂은 장난질에도
히죽히죽 웃어넘기던

똥내는 나도
마음은 지금껏 향기로워

오늘은 하루 종일
칠사 년 똥 언저리 서성거려 본다

2017. 1. 5.

잘 살아야 한다   - 울 엄니 7

⟨1⟩
하고픈 일
하고 사는 게 행복이란다

대학 진학할 때
울 엄니 읊조리듯 말씀하셨다

수십 년 살아보니
흠뻑 당연하신 말씀

가난한 시절 다들
먹고 사는 일에 허덕였지만

대개는 큰돈 못 벌고
하고픈 일도 별반 못하고 산다

하고프다 함은
감성의 욕구요

욕구 채우면 행복한 건
자못 간명한 불변의 진리다

⟨2⟩
하고프다고
어떻게 다 하고 살겠니?

울 엄니 표현은 어눌하셨어도
세상 이치는 만만히 꿰뚫고 사셨나보다

감성 욕구 채우면 달콤하지만
이성이 머리채 잡아끈다는 의미를

감성은 밤새 친구와 술 마시라 권하나
이성은 내일 출근해야 한다고 말리고

감성은 어여쁜 아낙 사귀어 보라고 재촉하나
이성은 꽃뱀일지 모른다며 제어한다는 사실을

감성 귀히 여기면
달콤한 만큼 뒷일 감수해야 하고

이성 존중하면
실수는 줄어도 행복하지는 않다는 순리를

〈3〉
하고픈 일도
잘 하면 더 즐겁단다

한글 간신히 깨친 울 엄니
어떻게 그걸 다 아셨을까?

행복 주는 감성자극은
창작(創作)에서 가장 강렬하다는 걸

창작은 음악 미술 체육
예체능 활동에서 넘치게 마련이고

예체능은 오랜 훈련으로
능숙할수록 훨씬 흡족하다는 걸

소싯적 그림 배우면
나이 들어 그림에서 쉬이 감동하고

어릴 적 클래식 음악 즐겨 들으면
어른 돼 클래식 음악에서 얼른 위안 얻는다는 걸

〈4〉
니 아버지 술 즐기는 걸 보면
그것도 좋긴 한가 보더라

술은 입에도 대지 않던 울 엄니
헤아림은 술까지도 아울렀던 게다

술은 가장 단출한 감성자극제
훈련도 학습도 준비도 필요 없다

술은 금시에
감성 몇 곱절 증강시켜

기쁠 때 마시면 더욱 기쁘고
슬플 때 마시면 더욱 슬프다
감성 자극 술처럼 간편한 게 없어
너나없이 술 접하고 절어 살기 일쑤다

기분 좋아 한 잔 스트레스 받아 두 잔
이튿날 잘만 깨면 감성자극제로 사뭇 알차다

〈5〉
잘 살고 있어?
잘 살아야지!

웬일인지 돌아가시기 전
울 엄니 이렇게 이르곤 하셨다

그 무렵 울 엄니 나이 다가서고야
그 말씀 가까스로 알아차리게 됐다

하고픈 일 하면서
행복한가 하는 물음의 의미를

가장 행복한 순간이
바로 지금이라고 넌지시 일러준 의미를

잘 살아야 한다
지금도 날마다 그 음성 듣고 산다

하늘 가신 그날부터 지금까지
하루도 빠지지 않고 그 말씀 먹고 산다

2017. 1. 6.

천천히 사는 맛 　　　－울 엄니 8

급하다고 바늘허리에
실 매어 쓸 순 없는 거야

아들 서두를 때마다
울 엄니 나지막이 말씀하셨다

먹을 것 궁하던 봄여름이면
틈틈이 농사지어 살림 꾸리시고

아바이 망선배 타는 가을겨울이면
그물 추리고 보망(補網) 거들면서도

말씀하신 것처럼
바삐 덤벙거리는 법 일절 없으셨다

길 잘못 들면 돌아 나와야 해
그러니까 처음부터 잘 들어가야지

아들 덜렁거릴 때마다
울 엄니 나직하게 일러주셨다

산기도(山祈禱) 오 월로 정해
봄나물 보따리에 가득 따오시는 날

동태 손수레에 두둑이 싣고 시골 가시어
쌀보리 감자로 푸짐히 바꿔 오시는 여름날

말씀 그대로 울 엄니
길 잘못 들어 볶아치는 법 전혀 없으셨다

서두른다고
잘 사는 게 아니야

수십 년 아득히 너머
울 엄니 목소리 여전히 느긋하시다

험난한 세상살이에 찌들어
귀가 있어도 듣지 못하는 사람들

초고속 인터넷망 고속 전철망으로
느릿할 수 없는 시간에 거하는 사람들

울 엄니보다 열 배는 더 바쁘고
열 배는 더 허겁지겁 고달피 산다

빨리 가는 것보다
어디로 갈 지가 중요하지

수십 년 지나
속도보다 방향이 강조되는 시대

오래 전 그걸 이미 아시고
뚜벅뚜벅 걸으셨던 울 엄니

그 깊숙한 슬기기
오늘따라 한결 사무친다

천천히 사는 맛이
더 없이 감치는 그리운 겨울이다

2017. 1. 12.

쉬어 가야 할지라   - 울 엄니 9

아프다는 건
좀 쉬어 가란 뜻이야

주중 중간고사 체육대회
주말 밭고랑 파는 일까지

혹독한 두 주 보내고
고교 신입생 몸살로 끙끙대자

이마 땀 훔치며
울 엄니 따사로이 웃으셨다

얼마 뒤 생물 수업시간
울 엄니 말씀 옳음 알았다

몸이 항상성 유지하려고
질병에 소소히 시달리나

그 때 쉬어가면
건강 회복됨을 배웠다

아프다는 건
좀 쉬어가란 뜻이야

이 말씀의 도타운 뜻
훗날 더욱 통감하였다

사람이 죽는다 함은
몸이 죽는 것을 의미하고

죽지 않으려는 몸이
항상성 유지하고자

운동하라고 살 빼라고
이상신호 줄곧 보내지만

온갖 군상(群像)들
무시하다 쓰러지기 일쑤이니

아플 때 쉬며 몸 추스르라는 말씀
중하디중할 수밖에

아프다는 건
좀 쉬어가란 뜻이야

머리 희끗거릴 즈음
이 말씀 더 찌릿하게 다가왔다

승승장구하던 직장인
돌연 한직으로 물러나는 일

사소한 술자리 다툼으로
쇠고랑 수모 당하는 일

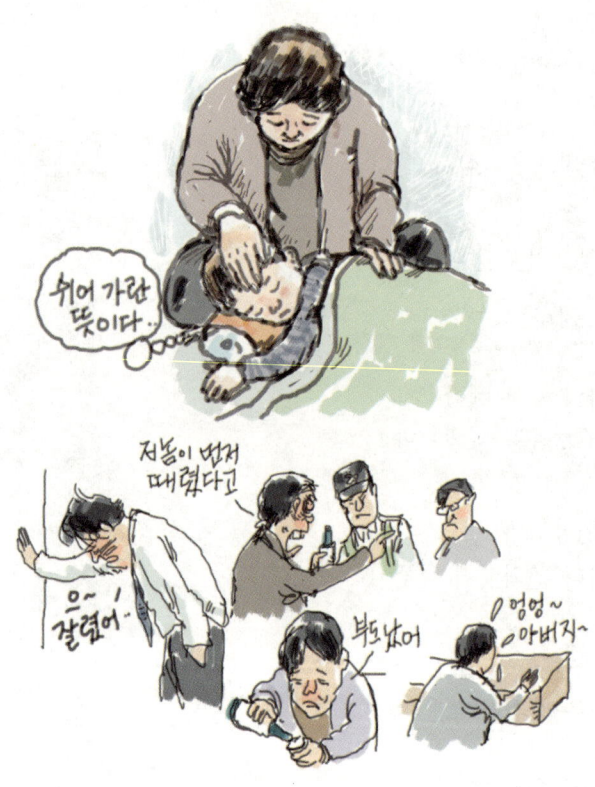

앞만 보고 달리던 사업가
부도내거나 맞는 일

부모 배우자 형제 자식
사고나 병으로 하늘 보내는 일

이런 사건 사고마저도
쉬어 가란 암시임을 깨쳤다

호미로 막을 일

가래로 막는다 하더구나

울 엄니 말씀하신
속담 곰곰 살피니

주변 사소한 일 헤아려
배움의 지표로 삼을 일이라

팔다리 저림 비만 방치하다
나중에 당뇨병 걸려 고생하듯

술자리 싸움 버릇 안 고치다
훗날 구속으로 호되게 당하듯

호미로 막을 일
가래로 막는 건 몽매함이니

몸이건 마음이건
아프거든 쉬어가라는 뜻
두루 변별하여 살필 일이라

아프다는 건
좀 쉬어가란 뜻이야

2017. 1. 14.

똥꼬
— 울 엄니 10

바닷물 넘나들던 영랑호에는
갖은 물고기가 수두룩 살았어요

고사리손 한 뼘 길이
우직한 머리 거무튀튀한 피부

이 못난이 물고기를
꼬맹이들은 똥꼬라고 불렀어요

누가 지은 이름인지
어쩌다 요상한 이름 붙었는지

아무도 몰랐고
누구도 알려 들지 않았어요

표준 이름은 꺽저기
거무레한 살가죽으로 살아

똥꼬가 꺽저기란 사실
꼬맹이들 깜깜 몰랐던 거죠

아이들은 하굣길
다리 밑에 기어들어

고무신으로 낚시로
즐거이 똥꼬 잡았어요

어수룩한 똥꼬들
어지간히 미련스러워

똥꼬가 똥꼬 꼬리 물어
두 마리씩 끌려 나오기 예사였어요

어디에 쓰겠니?
다시 풀어 주거라

생선 넘쳐나는 어촌
울 엄니 이리 말씀하시면

손에 잡힌 똥꼬 행로는
활짝 트인 호수로의 회귀(回歸) 뿐

꼬맹이가 똥꼬를 낚고
똥꼬가 꼬맹이를 낚았지요

꼬맹이가 똥꼬를 풀어주고
똥꼬가 꼬맹이를 풀어주었어요

똥꼬에 낚여
해질 무렵까지 호숫가 노닐다

똥꼬가 풀어주어야
헤벌쭉이 웃으며 귀가 했으니까요

하지만 언제부턴가
흐지부지 자취 감추었어요

그 사이 꼬맹이들은
훌쩍 자라 뿔뿔이 흩어졌고요

이제 그 시절 똥꼬는
추억의 호수에서 헤엄칠 뿐이에요

고무신 소년과 더불어
추억의 호수에서 쓸쓸히 유영할 뿐이에요

2017. 1. 19.

돋보기   - 울 엄니 11

있는 것 쓰면 되는데
그걸 왜 사 왔어?

쉰 중반에 노안(老眼) 내린 울 엄니
돋보기 사 드리자 배시시 웃으셨다

보망(補網) 하시느라 눈 침침해
아바이 생시(生時) 적 돋보기 쓰셨으나

울 엄니 해쓱한 삶처럼
돋보기 다리 하나 재깍 부러져 있었다

전쟁 통에 아이 하나 밴 채
여덟 살 더 먹은 뱃사람 만나

일곱 남매 슬하에 두었다가
신 한 살에 님편 댕가낭 하늘로 보냈다

이게 그래도
아버지 정이 묻은 거잖니?

아바이 애환 깃든 돋보기 옴킨
오그랑오그랑한 손 주름이 애처로웠다

진저리나도록
참혹한 살림살이로

돋보기 하나
제 때 살 수 없었으니

울 엄니 그러고도 두어 달 간
새 돋보기 서랍 깊숙이 넣어 두셨다

궁상맞다는 자식들 성화
뒷전으로 흘려듣던 울 엄니

아바이 사십구재 지나서야
마침내 새것으로 바꿔 쓰셨다

이제 아버지
편히 보내 드리련다

울 엄니 기도는 그 후로도 간절했다
새벽기도 삼 년간 하루도 거르지 않으셨다

삼년상 모시듯 정성 들여야
하늘에서도 부부 인연 끊이지 않는다며

눈이 오나 바람 부나 빠짐없이
냉수목욕하고 두어 시간 오가셨다

그러고 보면 울 엄니 기도 내내
아버지 유품(遺品) 애지중지하셨다

돋보기 내리 쓰심은 물론이요
아바이 내복 깨끗이 빨아 잠옷 삼으셨으니까

울 엄니 깊디깊은 뜻 못 헤아린
아들 어리석음이 외려 아팠다

아버지 환한 표정 꿈에 보이니
이제는 좋은 데 가신 것 같구나

만나고 헤어지는 숱한 인연
어느 하나 소중하지 않을까마는

부부 부자 자녀로의 만남은
개중 으뜸이니 어찌 귀하지 않으리오

다리 부러진 돋보기
그윽한 애착은

헤어짐의 애중한 의례(儀禮) 보이심이요
의례의 지극한 성심(誠心) 보이심이요
성심의 고상한 생애(生涯) 보이심 아니겠는가?

울 엄니 묘묘한 목소리
종일토록 귓가에 쟁쟁거린다

있는 것 쓰면 되는데
그걸 왜 사 왔어?   2017. 1. 20.

백견(白犬)   - 울 엄니 12

⟨1⟩
기(氣)가 센 터에서는
하얀 개를 키우라는구나

육 학년 봄 울 엄니
하얀 강아지 한 마리 데려오셨다

새로 이사한 집에서
여남은 마리 연신 죽어 나가

한동안 애태우다가
이래저래 얻어 들은 결정이셨다

버성긴 강아지 시신
동산에 묻어야 했던 소년은

울 엄니 말씀에
귀 쫑긋 가슴 콩콩이었다

강아지 이름은 소년이
백견(白犬)이라 손수 지어주었다

이웃 멍멍이들은 대강 추려
도꾸(DOG), 메리(MERRY)였으나

우리 집 강아지는
올곧게 추려낸 백견이었다

〈2〉
탈 없이 잘도 크네
참으로 신통방통이야

열 달 지나도록 백견 건재하자
울 엄니 얼굴에 환한 미소 번졌다

소년은 백견 벗 되고
백견은 소년 자랑 되고

백견과 더불어 소년
낮이고 밤이고 눈부셨다

호숫가 잠잠히 거닐고
야산이며 들판 거침없이 내달리고

눈밭에서 연인처럼 뒹굴며
구차한 설움 부둥켜 나누었다

용모 우람히 용맹해진 어느 날
발바리 쫑(JOHN)과 한바탕 논두렁 혈투

심심찮게 소년 바짓가랑이 물어뜯던 쫑
백견 앞에서 오래잖아 깨갱거리며 게게 꼬리 내렸다

백견 목청은 동네에서 가장 우렁찼고
소년 어깨는 마실에서 대뜸 으쓱했다

⟨3⟩
교복 사려면
백견 팔아야 하는데…

중학교 입학 두어 달 앞두고
울 엄니 아들 눈치 살피며 웅얼거렸다

중학교 안 가!
발악하듯 소리치자

하염없는 울먹임에
억장은 천근만근으로 무너졌다

범띠는 국록(國祿) 먹어야 한다는
아바이 음성 귓전에 맴돌았으나

아픔에 눈멀어
국록조차 뒷전이었다

다른 방도 찾겠노라며
울 엄니 어깨 토닥이고도

의혹 짙은 눈초리
불안한 감시의 나날들

시간은 마디져 흐르고
가슴은 무디어져 내렸다

〈4〉
도시락 좀 갖다 주고 오렴
형이 배고파 할 거야

정성껏 싸 준 도시락 들고
터벅터벅 오가는 두어 시간

마음은 내내
백견에 골몰하고 있었다

백견을 팔아버린다면
당장 집을 뛰쳐나가리라

하지만 있어야 할 자리
백견은 거기 없었다

덩_그러니 남은 목줄
책상 위 교복은 가엾이 아팠다

미안하구나
지켜주지 못해서

삐뚤빼뚤한 글씨
울 엄니 깊은 회한

소년은 그 해 듬쑥 저물도록
떠나버린 백견 곁을 어정거려야 했다   2017. 1. 21.

찹쌀떡과 강낭콩빵　　　- 울 엄니 13

없을수록
나눠 먹어야 한다

소년 오 학년 적 기억 한편에서
울 엄니 지극 정성이 너풀너풀 나부낀다

물고기 잡힐 때야 대수였을까마는
흉어기 오면 자식들 먹이기 녹록치 않아

울 엄니 식은 밥 물 말아 예사로이 드시고
여의치 않으면 듬성듬성 그러려니 굶으시며

씨름 선수 아들에겐 되도록 양껏 먹이시고
여동생들 밥그릇은 수북하지 않도록 사뿐 조이셨다

동생 좀
덜어주고 먹으렴

팔만 한 것은 모조리 내다 팔고도
끼니 거르고 배칠거리며 등교한 어느 날

파리한 눈으로 수업 받다가
점심시간 헐레벌떡 집에 당도하니

퉁퉁 불어 터진 칼국수 가련하나
배고프다 칭얼대는 둘째 딸 딱했던 울 엄니

나눠 주고 먹으라는 말씀에
속 뒤틀려 한 술도 뜨지 않고 학교로 내달렸다

그래 봐야
너만 손해야

눈에 헛거미 잡히도록
수업 내내 어질어질하고

가까스로 저녁은 수제비 한 그릇
잠자리에 드나 속은 부그르르 들끓고

그걸 신호탄으로
사흘 간 신열에 들떠 끙끙 앓는데

증세 묻고 곱 섞인 변 살피더니
울 엄니 대뜸 이질(痢疾)이라 하셨다

먹고 싶은 것 먹으면
이질은 금방 낫는다

건넌방 귀퉁이 비닐에서
찹쌀 콩 한 홉씩 꺼내 찹쌀떡 장만

치료제라 하시니
동생들 적은 할당량에 군침만 흘리고

니 맛도 내 맛도 아닌
물푸레나무 껍질 삶은 물 연신 마시니

증세 이틀 만에 가시고
훌훌 자리 털고 보란 듯 일어났다

진홍이가
강낭콩 한 됫박 갖다 주더구나

오 년 흐른 이른 봄
소년 고교 일 학년일 적

강낭콩 섞은 보리밥 내시며
울 엄니 함박웃음 지으셨다

넉 달 뒤 초여름
대지가 열기 뿜기 시작할 무렵

이번엔 강낭콩빵 찌시며
진홍이 부르라 이르셨다

지난 봄 받은 강낭콩 절반 심어
잔뜩 수확했으니 많이들 먹으렴

소쿠리에 빵 쌓아두고
너부죽이 까부라지게 먹었다

그로부터 수십 년 긴 세월
그 자취 한 발 두 발 뚜벅이니

그 시절 소년이 감취한 것은
찹쌀떡이나 강낭콩빵 포식이 아니라

자식 향한 거볍지 않은 사랑과
나누고 베푸는 웅숭깊은 지혜였다

없을수록
나눠 먹어야 한다는

2017. 1. 26.

연필　　　　　　　　– 울 엄니 14

국민학생에게 연필치기는
말똥말똥 재미나는 놀이였다

연필 심 마주 대
동무 심 부러뜨려 따먹고

손가락으로 연필 튕겨
책상에서 떨어뜨려 또 따먹고

연필치기 두세 번 더 하려고
기다란 연필 잘랐다가 부모님께 혼쭐나고

다 털린 연필 때문에
필통검사에서 담임한테 또 혼쭐나고

연필 여섯 면에 각기 다른 수 홈을 파
주사위처럼 굴려 수 차이만큼 손가락꿀밤

흐릿한 연필심 침 발라 쓰다가
담임에게 들켜 맛있느냐 손가락꿀밤 또 맞고

더러는 장난질하다 연필에 찔려
지금껏 원치 않는 흑연 문신도 몸에 지녔다

다 쓴 몽당연필 모아 보렴
재밌지 않겠니?

연필치기 만큼 쏠쏠했던 재미는
울 엄니 일러주신 몽당연필 모으기

쓰다가 손에 잡히지 않으면
모나미 볼펜 껍데기에 잘록 끼워 쓰고

손톱 길이만큼 짧아지면
돼지저금통에 동전 대신 수북이 모으고

몽똑몽똑 몽당연필
모으고 버리고 잊고 잊힌 날들

얼추 반세기
그 시절 가뭇없이 사라지고
이 시절 느닷없이 찾아드니

그 시절은
연필이 있어 즐거웠고
연필이 나를 그려 흐뭇했고

이 시절은
그리움 있어 달갑고
연필 읊어 더없이 뿌듯하고

2017. 1. 30.

적벽대전   − 울 엄니 15

코흘리개 시절 애지중지 필통 열면
연필 세 자루와 지우개는 으레 있게 마련

정성스레 챙겨 꼬박 학교로 가지만
점심시간 넘기지 못하고 지우개 털리기 보통

누군가 지우개 따먹기 바람 잡으면
그날은 파닥파닥 온종일 교실이 웅성거렸다

지우개 따먹기도
도박이다

울 엄니 말씀 불구 기웃거려 보지만
소년은 속수무책 백전백패

이따금 벌어지는 점심시간 접전은
영웅들의 한바탕 적벽대전 소용돌이

쉬는 시간 벌어진 국지전
틈틈이 패권 잡은 두 장수

주먹 불끈 쥔 장수 가방에는 이미
병졸들 지우개 모두 도열해 전투대기 중이다

지형 화력 눈대중하는 장수 두 눈 번득이고
손가락 튕겨 병졸 추락사할 때마다 와자그르르

길고 긴 전투는
한 녀석 전리품 거덜 나야 끝나고

따먹은 병졸 절반
개평 주면서 장수는 퇴각한다

지우개 따먹기 전투
이튿날 벌어지고 한 달 뒤 열려도

전장 제패하는 장수 바뀔 일 거의 없으나
조무래기들 새 지우개 들고 끝없이 나서고

승장(勝將) 가방 두두룩 배부를수록
패장(敗將) 필통 덜거덕 소리 덩달아 커졌다

지우개 살 여유조차 빡빡하던 그 무렵
왜 그토록 지우개 따먹기에 열중했는지

오늘은 다 큰 아들 냉큼 불러 들여
적벽대전 기개세(氣蓋勢)로 연유나 한 번 따져 볼까나

2017. 1. 31.

아바이와 간나새끼 　　－울 엄니 16

일사 후퇴 때 구름을 타고
함경도에서 내려온 아바이들
금세 돌아가리라 여겨 게딱지같은 움막 짓고 살았으나

십 년 남짓 귀향 더뎌져
허전함 깊고 외로움 짙어지니
어여쁜 간나들 만나 빼빼한 살림 꾸렸다

허전함에 겨워
함흥냉면 뽑아 팔고
가자미식해 담가 먹고

굶주림에 찌들어
명태잡이 그물도 추리고
오징어잡이 남바리도 떠나고

어여쁜 간나들 숨 돌릴 틈도 없이
간나새끼 수두룩 낳고
간나새끼들 버짐 핀 머리 후루룩 굵어졌다

이리 가면 이 간나
저리 가면 저 간나
둘이 가면 쌍 간나
열이 가면 십 간나
개랑 가면 개 간나
싹퉁머리 없으면 종 간나

백발 풀풀 날리고
주름살 움푹 깊어지도록
돌아가지 못하는 아바이 설움

가고픔 바람에 태워
고향 오가기 수십 수백 차례
얼빠진 가슴은 독하게 욕지거리만 뱉었다

그 새 피고 진 무수한 세월
침침한 두 눈은 갈수록 어룽어룽하고
늙수그레한 허리는 갈수록 고부라지고

언제부턴가 바람 잠잠해지면서
고향 그리는 열정은 싸늘한 주검이 되고
기다림에 지쳐 숨통마저 피식 멎을 적에

아바이는 별이 되어
고향으로 가시고
간나새끼는 속초가 고향 되었다

이제 머잖아 바람 또 잦아들면
간나새끼들마저 숭숭 산란(散亂)하고
아비 흔적 찾으려는 자식들만 간간이 배회할 터

오오
아바이여
간나새끼여
당신들의 고향이여

나는 빙충맞은 아바이의 간나새끼입니다
고향 바람 처연(悽然)히 맞고 자란
객지에서 사무친 그리움 안고 지샌
나는 아바이의 어수룩한 간나새끼입니다

2017. 2. 1.

크레파스 　　　　　　　　　- 울 엄니 17

육이오 전쟁 끝나고
족히 서른 해
가난이 점령군처럼 집집 헤집던 시절

밥은 굶어도 자식은 가르쳐야 한다는
비롯됨 모르는 열기로
아이들 몰려든 교실은 콩나물 시루였다

한 학급 정원 일흔 명 안팎
모든 게 부실하여
어느 가르침 하나 제대로 이뤄졌을까마는

미술 지도는 유독 극성스러워
수업시간마다 대여섯 명은
교탁 곁에서 내리 벌을 서야 했다

돈 없어 지참하시 못한
크레파스와 스케치북 때문에
꿇어 앉아 손들어야 하는 참혹한 수모

친구가 찢어 준 스케치북 한 장
책상 위에 달랑 올려놓고
눈치 살피노라면 담임 다가와 물었다

왜 안 가져왔어?
(돈이 없어서 못 샀습니다)
목구멍까지 치오르는 대답 차마 못하고

까재먹었습니다
나가!

무릎 꿇는 사십 분
형편 말하지 못한 것 두고
몇 번이고 몇 번이고 벌이는 자책과 탄식

이론은 만점
실기는 빵점
미술 성적에서 또 다시 모욕이었다

아이고 추워라 엿장수
엿도 한 가락 못 팔고
불알만 꽁꽁 얼었다

하얀 입김 부옇게 흩어지는 날
가슴 시리도록 궁핍 삭이고 나면
친구들 우르르 몰려들어 흠씬 놀렸다

부잣집 아들은
마흔여덟 색 왕자표 크레파스
여간한 친구는 열두 색 티티파스

라면봉지에
몽당 크레파스 두루 넣어
책상에 두고 다니던 예닐곱 친구

수치에 떨던 사 학년 소년
겨울 어느 조회 시간
몽당 크레파스 여남은 개 훔치다 발각

선생님요 얘가 크레파스 훔쳤어요
목격하고 고자질한 친구는
걸핏하면 함께 벌서던 가난뱅이 친구

수업 끝나고 교무실로 와!

육성회비 못 낸다고
수시로 꼬집던 담임
앙칼진 목소리에 숨 멎는 전율

창백한 교실 무너지는 수업
견디지 못하고 내달려
파도에 멍든 영금정 비위에 올랐나

이대로 바다에 뛰어 내리리라
단박에 요절나도록
바닷물이 아니라 바위에 떨어지리라

국록 먹어야 한다던 아바이 얼굴
술빵 구워 주시던 어머니 손길
스치는 절망에 눈물은 하염없었다

여기서 뭐해?

한참을 우물거리던 소년
그 귀를 후린 것은
휘뚤휘뚤 떨리는 작은형 음성

동네 아이 입으로 소식 들은 울 엄니
아들 있을 법한 곳
형 앞세워 한 시간이나 찾아 헤맨 터였다

힘들었지?
울 엄니 눈시울 붉히며
아들 가슴 깊숙이 보듬었다

소년 손에는 이튿날
처음이자 마지막으로
백 원짜리 티티파스가 쥐여졌다

아들 훌쩍 자라 장가들 나이에
당시 회고하시던 울 엄니
대수롭지 않다는 듯 빵싯 웃으셨다

난무하는 무질서
올곧이 줄 세우는
대차고 엄하신 말씀

작은 잘못은 혼내고
큰 잘못은 등 두드려야 하는 거란다   2017. 2. 6.

자활촌과 납작보리   – 울 엄니 18

네 살이었을까
다섯 살이었을까
아바이가 한동안 보이지 않았다

아바이 곁에 답삭 붙어 잠들던
일인용 군용 침대
홀로 차지하는 기쁨이 시큰둥해질 무렵

마른 명태 네댓 마리 들고 귀가한
수염 텁수룩한 아바이 멋쩍게 웃고
울 엄니는 곁에서 코만 훌쩍거리셨다

납작보리 때문에
벌어진 일이었지

아바이 세상 뜨고 몇 해 뒤
고교생 아들 향한
울 엄니 미소 씁쓰레했다

여섯 살까지 소년 살던 마을 자활촌
박정희 장군 쿠데타 직후
부랑자 강제 이주시킨 허허벌판

울산바위 아랫마을 원암에서 구장하던 아바이
처자 이끌고 자활촌에 둥지 틀고
사람 구실에 농사까지 다부지게 가르치셨다

서슬 퍼런 군사정권 눈치 살피며
농사짓는 시늉만 하던 부랑인들
베짱이가 개미 될 리 만무 연일 술과 도박

보릿고개 넘느라 다들 끙끙대던 봄철
정부가 구호양곡으로 납작보리 배급하던 차에
어떻게든 더 받으려는 부랑인들 강짜로 사달이 났다

장부대로 나눠주려는 아바이
부랑인들 손에 죽신죽신 두들겨 맞다가
어느 한 놈 멱을 겨눠 깨진 됫병을 후렸다

분노가 솟구쳐
피가 번지도록
엄중 꾸짖었으나

수갑 채워져 질질 끌려가더니
자활 시책 어긴 폭력사범으로 몰려
집행유예로 풀려나기까지 두어 달 고초 겪으셨고

울 엄니 그 사이
젖동냥으로 납작보리 얻어
새끼 입 풀칠하며 혹독한 시기 견뎠다

다른 곡식과 섞어 밥을 하면
유독 늦게 익는 보리쌀
고충 헤아려 미리 쪄서 압착한 납작보리

그래도 밥 지으려면 미리 삶아야 했는데
굶주린 꼬맹이 냄새 역겨웠고
꽁보리밥 알갱이 씹을수록 입 안을 굴러다녔다

하긴 납작보리가 무슨 죄라더냐?
깡패들이 문제였지

별미로 꽁보리밥 찾는 세상 됐어도
아바이 거북한 이야기 아는 소년
먹기는커녕 보리밥에 눈길조차 주지 않았다

무참한 세월 지나 자활촌은
바람꽃 마을로 옷을 갈아입고
납작보리마저 아렴풋한 추억의 강으로 흐르니

오늘은 꽁보리밥이나 먹어야겠다
탁주 한 잔 곁들여
고향 친구와 애련한 납작보리 아픔 삭이며

2017. 2. 24.

속초의 바람 　　　　　- 울 엄니 19

속초의 바람은
늘 항구에서 먼저 일었다

해마다 겨울
흡혈귀 같은 칼바람에 눈보라 흩날리고

해마다 봄
태백산맥 양간지풍(襄杆之風) 몰아쳐도

속초의 바람 진원지는
두말할 것 없이 항구였다

함경도 아바이들이
속초시를 세웠다고 봐야지

울 엄니 말씀대로
양양 귀퉁이 자그마한 어촌에서

바람을 휘어잡은 이는
일사후퇴 때 월남한 아바이 군단

일 년 십 년 귀향 늘어지는 사이
아바이들 뱃사람으로 바다 호령하고
그 덕에 속초는 버젓한 항구도시가 되었다

속초리에서 속초면으로
속초면은 다시 속초읍으로

속초읍은 마침내 어엿한 속초시로

항구에 풍어 바람이 솟구치면
겨울에는 명태로
여름에는 오징어로
거리마다 흥성흥성 살이 오르고

항구에 흉어 바람이 덮치면
명태 오징어 도루묵
물고기 씨가 마른 듯
거리는 홀쭉홀쭉 에비어 갔다

배 나갔다가
참 많이도 죽었지

울 엄니 이따금
아픈 시절 새록새록 되새겼다

항구의 바람은
때때로 아바이들에게
돌이키기 난망한 절망 일으켜

일기예보에 속아 출항했다가
난파로 불귀의 객 되어
항구의 바람소리 진혼곡 삼아야 했고

선박 피랍 월북했다가

간첩 누명 쓰고
갖은 고문에 피눈물 토하기 부지기수였다

이제나저제나
고향 그리던 아바이들
눈빛 느슨하고 어깨 까부라질 즈음

자식들이 뱃사람 되어
느즈러진 아픔 주워 담으며
외로이 아바이 자리 갈음하고 있다

외옹치 동명항
대포항 속초항

그새 너른 길이 뚫리고
아기자기한 항구에
굵직굵직한 여행객 웅성거려도

여전히 바람 일으키고 잠재우는
항구의 주인 속초의 주인은
아바이들의 늠름한 후예 뱃사람이다

봅세, 아바이들
속초의 바람은 고조
온제까지나 항구에서 불디 안캇어?

2017. 3. 6.

이사　　　　　　　　　- 울 엄니 20

⟨1⟩
먼저 가서 기다리렴
엄마가 금방 뒤따라가마

큼지막한 보따리 지고
여섯 살 꼬맹이 홀로 집을 나선다

메뚜기 잡던 논길 지나고
미역 감던 개울 건너 이십 분

아바이 따라 삼구시장 오가던
학사평 너른 버스정류장에 이르렀다

날이 어둑한 시각
등짐 내려놓고 하늘 우러르니

서녘 하늘 수놓던 석양은
울산바위 너머로 피시식 꺼지고

터지도록 짐 실은 속초행 막차도
지독한 매연 뿜으며 속절없이 떠나갔다

⟨2⟩
오래 기다렸구나
버스는 진작에 갔지?

노을마저 사라지고

별빛 반짝거릴 즈음

꼬맹이 올찬 용맹이
흐리마리 헐거워질 즈음

울 엄니
곤고한 모습 드러내신다

실팍한 울 아바이 지게 밀삐에서
머리에 올린 울 엄니 지푸라기 따리에서

산더미 같은 짐이
끙끙 앓는 소리를 내니

열한 살 형 새끼줄 등짐도
뒤질세라 낑낑 신음 흘렸다

〈3〉
뭐가 급해
그리 서둘러 떠났누

누이가 한 해 전
이름 모를 병으로 세상을 떴다

없는 돈에 살려보겠다고
의원 전전하시던 아바이

치료는 엄두조차 못 내고
일곱 살 어린 딸 황천길로 보냈다

가마니에 둘둘 말아
묻으러 가시던 아바이

이부자리 치우며
곡기(穀氣) 끊고 애끓던 울 엄니

다섯 살 꼬맹이 멀뚱거리며
몇 번이고 몇 번이고 눈치 살펴야 했다

〈4〉
먼 길은
쉬엄쉬엄 가는 거란다

밤길 서두르는 아들에게
울 엄니 나지막이 속삭이신다

버스 끊겨 걸어야 하는
이슥한 밤 십 리 길

가슴에 자식 묻고 떠나는 처량한 길
자활촌 삼 년 만에 등지는 처절한 길

천근만근 격한 숨 몰아쉬면서도
교교한 달빛 아래 발걸음은 도도했다

손 잡아주시는 울 엄니
그 손길 그지없이 그윽하고

담배 꼬나문 아바이
그 기개 흠씬 늠름했다

⟨5⟩
다리 아프지?
쉬었다 가자구나

양지바른 고팽이에서
울 엄니 훌쩍 짐 내리시고는

길섶 지나 비탈로 잠시 사라지더니
양손에 봄나물 한 움큼씩 들고 와서는

막장 치덕치덕 발라
꽁보리 주먹밥과 함께 내미신다

길가 이름 모를 비석에 낀 이끼
묘지 주변에 흐드러진 진달래꽃

아바이 이마에 송송한 땀방울
여동생 물린 울 엄니 훤한 젖가슴

무에 하나 차별 없이
고루 적시는 달빛은 휘영청 고왔다

⟨6⟩
여기가 당분간
우리가 살 집이란다

그로부터 두어 시간
속초등대 중턱 둥지에 도착했다

지게에서 이부자리 꺼내
단칸방에 세 아이 차례로 누이시고

동생 젖 먹이시다
울 엄니 까무룩 잠이 드셨다

깜깜한 방에 누운 소년에게
철썩이는 파도소리 무섭게 밀려왔다

파도와 범일
아바이 사투 예감도 아닌데

궁기(窮氣)와 싸울
울 엄니 고통 예견도 아닌데

무엇이었을까?
그날 그 깊었던
꼬맹이의 알 수 없던 두려움은

2017. 3. 13.

연탄가스   − 울 엄니 21

괴벽스러이 추웠던 칠오 년 겨울 새벽
캐시밀론 이불 덮고 잠든 소년
가느다란 신음 흘리며
쉼 없이 냉구들 바닥 이리 저리 기었다

잠버릇 고약하다 흔들어 깨우던 큰형
오뉴월 불알처럼 늘어지는 동생
연탄가스 외치며 창틀에 기대 앉히다
일순 정신 잃어 꽈다당 뒤로 나가떨어지고

옆방에서 달려 나온 아바이
두 형 업어 마당으로 들어내는 사이
소년 허정허정 걸어 나가
울 엄니 퍼 온 동치미 벌컥벌컥 들이켰다

찬 공기 마시고 자식들 정신 돌아오니
울 엄니 심려 한숨으로 쓸어내리며
소년 덕에 살았다 머리 쓰다듬으나
잠자리에 들고도 귓속 윙윙거려 뜬눈으로 지새웠다

연탄이 덜 말랐나보다
끄집어내야겠다

며칠 뒤 날씨 푹한 일요일
울 엄니 세 아들 불러
부엌 연탄 서른 장 뒤울안으로 냈다가
해질 무렵 다시 부엌으로 줄지어 불러들였다

열아홉 구멍이라 하여 십구공탄(十九孔炭)
화덕 아래쪽엔 불붙은 연탄 위쪽엔 새 연탄
구멍 맞춰 겹쳐 얹으면 불길은 위로 번지고
아래 것 재 되면 위 것 아래에 넣고 불을 갈았다

하얗게 타버린 연탄재 쓸모는 엔간했다
잔불은 꼬맹이들 언 손 녹이고
식은 재는 잘게 부수어
물구덩이 메우거나 빙판에 깔았다

연탄가스 중독은
일산화탄소 때문

소년 고교생 되어
생물 시간 중독사고 원인 알았으나
날마다 생활해도 탈 없다가
깁작스런 사고 왜 발생하는지 연유 몰랐다

덜 건조된 불량 연탄
성분배합 잘못된 불량 연탄
다섯 장 중 하나는 불량 연탄
불량 연탄 불완전 연소로 일산화탄소 발생

소년 슬하에서 아기가 자랄 무렵
이런 내용 기사 읽다가
괘씸한 작자들
분노가 삼십 년을 거슬러 올랐다

누가 죽든 말든
공장은 불량 연탄 생산
관리들은 허수로운 관리
그 대가로 뒷돈 오가는 짬짜미

불량 연탄 때문에 불완전 연소
불완전 연소 때문에 일산화탄소
내막도 모른 채 황천길 간 통한의 망혼(亡魂)들
억울한 이들을 떠나보내는 산 자들의 뼈저린 아픔

그런 고통 아는지 모르는지 무심한 세월
서민 난방기구 대부분 보일러로 교체됐어도
쪼들림에 이제껏 연탄 때고 사는 달동네
대단한 불량 연탄 거리낌 없이 설친다

날 흐리면 열심히 말려 쓴 우리 집
이후 한 번도 사고 없었지만
이따금 연탄가스 중독사고 보도될 때마다
울 엄니 내뱉던 골난 소리 여태 귓전을 맴돈다

불량 인간들 안 잡아가고
귀신은 뭐 한다더냐?

2017. 3. 15.

분노의 왼발 　　　　－ 울 엄니 22

이걸로 두 달 치 내렴

울 엄니 오백 원 건네시며
밀린 육성회비 내라 하신다

백 원은 맡겨 둬라

나중에 채워 오라시며
담임 잔돈 돌려주지 않는다

울 엄니 까맣게 잊고
얼마 뒤 이백 원 주시니
아들 잔머리가 번득 휘리릭

백 원만 내고
가로챈 백 원
호주머니에서 우쭐

난생 처음 맛보는 라면
몰래 사서 끓여 먹느라
거금 삼십 원 쓱싹

이소룡 돌연사 후
인기 끌던 한용철 주연 영화
분노의 왼발 보느라 오십 원 짜르르

나머지 이십 원은
라면땅 건빵 하나씩

눈 깜짝할 새 사라져버렸다

그로부터 두어 달 뒤
천 원 도난 사건 발생
그것도 교장 선생 막내아들 돈

자장면 열 그릇 값에 비상이 걸려
아이들 이 잡듯 뒤지는 동안
불똥 엉뚱하게 소년에게로 튀었다

운복 시우 집으로 보내
육성회비 얼마 주었는지
울 엄니께 확인토록 하고는

백 원 어디에 썼느냐 물어
이실직고하는 소년에게
담임 각목 들고 사정없는 체벌 자행했다

비명 지르며 마주한
무려 스무 대 볼기 매질
공포에 내몰린 아이들 벌벌 떨고

으름장이 통했는지
친구 하나 돈 들고 자백하니
친구 엉덩이에서 몽둥이가 또 춤을 추었다

우린 왜 그날 그렇게

죽도록 맞아야 했던 걸까?
과연 피멍 들도록 얻어터질 일이었던가?

오 학년 학생 향한 구타는
바늘 도둑이 소 도둑 된다는 경계
훨씬 뛰어 넘은 광란의 폭력이었다

선생이 아주 못 됐었군
분노의 발인지 뭔지 한 대 때려주고 싶구만

대학 재학 시절
아들 얘기 듣던 울 엄니
분개해 모질게 한마디 던지신다

이미 세상 뜬 담임
배릿한 눈치
이제껏 가슴 저리지만

지금도 여전히
윗선 살피느라 아랫사람 조이는
졸렬한 횡포 만연해 있음이라

분노의 왼발에
머리통 맞아야 할 자들
제대로 한 방 먹일 좋은 방법 없을까?

2017. 4. 3.

곰표 밀가루 － 울 엄니 23

봄눈 오고 나면
거지도 빨래를 한다고 했다

눈 내린 이튿날 푸근한 날씨 두고
울 엄니 이렇게 말씀하곤 하셨다

국민학교 졸업 며칠 앞둔 이 월
함박눈이 내리 사흘 퍼부으니
동리는 떡가루를 뿌린 듯 하얗고

울 엄니 말마따나
눈 그친 다음날 아침은
따사로운 햇살에 지붕 눈이 설설히 녹았다

동사무소 가 봐라
눈 치우는 취로사업이 있을 거다

군용 제설차가 도로변으로 밀어놓은
산더미 같은 눈 바다에 내다버리는 일

일꾼마다 할당량 부과한 공무원
야리키리요 외쳤고
일 끝내면 집에 가라는 뜻 눈치로 알아차렸다

손수레에 오각 삽으로 퍼 담아
이백여 미터 거리 바다까지
씨름부 출신 뒤질세라 열심 내달렸다

무슨 애가
어른 일하듯 하네

길 지나던 할머니
놀라운지 한참을 서성거렸다

먼저 끝내려는 육십여 대 리어카
그 기다란 행렬 달음박질로 따돌리며
땀 뻘뻘 쉬지 않고 퍼 날랐다

모름지기 사고는 늘 나게 마련
늙수그레한 함경도 출신 아바이
눈 쏟다가 손수레와 함께 바다에 곤두박질쳤다

봅세 공무원 선상
저걸 건져 달란 말이우다

거뜬히 헤엄쳐 나와
웃통 벗어젖힌 채 지분거리며
추위 아랑곳하지 않고 고래고래 고함쳤다

땅거미 깔리기도 전
일찌감치 받아든
이십 킬로 들이 곰표 밀가루

청년이 다 됐네
울 아들이 밀가루를 다 타오고

어깨 으쓱한 아들
울 엄니 침이 마르도록 칭찬하셨다

밀가루 반죽 걸쭉히 개어
감자 넣어 끓인 수제비
양푼에 가득 받아 밥상머리 앉으니

결핵으로 퀭한 아바이
손 부르르 떨며 많이 먹으라시는데
핼쑥한 미소 너머로 눈물이 어룽거렸다

요즘 다들 돈타령 아니냐?
먹을 게 넘쳐나는데 왜들 난리 지기는지 원

육이오 전쟁 겪고
보릿고개 이겨내며 자식 키우신
울 엄니 말씀 과연 지당하지 아니한가?

대학 나왔다고 생산직 꺼리고
힘들고 버겁다고 험한 업종 회피하니
중소기업은 구인난에 허덕 청년은 구직난에 허덕

공부 게을리 해 비정규직 입사하고는
열심히 공부한 정규직과 동등한 대우 요구하니
그게 어찌 노력 중시하는 공평한 사회 평등한 나라인가?

돈 벌어 동생들 부양하고
국민학생 취로사업 나가 밀가루 타오면서도
남 탓하지 않고 살아간 칠공팔공은 그야말로 위대한 세대

남 탓 일삼는 가슴 빈궁한 자들이여!
부유하지는 않아도
정녕 굶고 사는 지경은 아니잖은가?

빵 한 조각 나눠 먹는 따뜻함
가슴에 채워
넉넉히 더불어 살아감은 어떠하신가?

2017. 4. 7.

분식의 날   − 울 엄니 24

이제부터 매주 수요일은
분식의 날이니 잘 지키도록

중학교 일 학년 봄날 조회 시간
담임 여선생 힘주어 강조하시길

쌀 부족 사태 해결 위한
정부시책이니 보리밥도 안 된다며

쌀밥 보리밥 대신
빵 전 떡 싸오라 이르신다

십 사년 먹은 꽁보리밥
넌더리나던 소년

이것저것 먹을 수 있는
핑계 거리 외려 고마웠다

변덕이 죽 끓듯 하니
언제 그만둘는지

울 엄니 마땅찮은지
슬근히 혀를 차신다

프라이팬에 기름 둘러
즉석 통통이 빵 만드느라

찹쌀 팥고물로
감칠맛 시루떡 짓느라

수요일 아침마다
울 엄니 성심 기울이셨다

맛있는 걸 자주 싸오네
엄마가 떡 장사하시나?

절굿공이로 찰밥 콩콩 찧고
팥 삶아 지은 찹쌀시루떡 보더니

석 달 지난 어느 날
담임 얼빠진 소리를 한다

(매주 수요일은 분식의 날이니
밥 싸오지 말라고 하셨잖아요?)

떡 집어 삼키는 담임 앞에서
차마 말은 못하고 부아만 났다

하긴 언제부턴가 흐지부지
친구들 분식 도시락도 사라지고 있었다

뭐든 한번 시작하면
끝을 봐야 하는 거야

울 엄니 어떤 일이든 중도에
허투루 그만두는 법이 없으셨다

봄이면 나물 뜯기를 겸한 산기도
국경일이면 꼬박꼬박 태극기 게양

새벽기도 다니시며
십오 년간 날마다 냉수마찰

교사는 도시락 검사 대충 넘기고
학생들은 눈치 살피며 쌀밥으로 회귀하는

모호하고 한심한 꼬락서니
울 엄니 사전엔 찾아볼 수 없었다

정성이 있어야지
그러면 하늘도 감동한다잖아

본분 까마득히 망각한 담임
엄마 떡 장사 하느냐고 묻든 말든

주변 눈치 힐끔거리는 학생들
쌀밥으로 다시 바꾸든 말든

모든 엄마가 귀찮아했던 분식의 날
울 엄니 변함없이 음식 장만해 주셨고

실망시켜 드리지 않으려고
그해 다 가도록 소년 분식 지참했다

하늘 가신 울 엄니
곡절한 정성에 하늘도 감동하셨으리라

도시락 마주할 때마다
언뜻언뜻 떠오르는 울 엄니

오늘따라 그 얼굴 유난히 보고프구나

2017. 4. 9.

동동구리무 　　　　　– 울 엄니 25

북소리 둥둥 연신 울리고
구리무 하는 외침이 나른한 침묵을 깬다

모르는 사람은 없다
아이들 쪼르르 몰려가고
처자들 발쪽발쪽 뒤따르고

하얀 와이셔츠에 검정 양복상의 차림
발을 쭉쭉 뻗을 때마다
등에 짊어진 큼지막한 북 요란한 소리

날래들 오시랑게 하고 오른발 뻗어 둥

다들 모였는가 하고 왼발 뻗어 둥
한 소절 끝날 때마다 북은 둥둥 춤을 춘다

유리알 없는 까만 뿔테 안경
거기에 달린 주먹코와 콧수염
누가 봐도 신기하고 우스꽝스러운 양코배기 얼굴

한 곡조 들어 보실랑가 둥둥
호주머니에서 하모니카 꺼내 물고
쿵작쿵작 한 곡조 멋들어지게 연주한다

나가 뭘 갖고 온 줄 아시는가 둥
참말로 뭘 갖고 온 줄 아시는가 둥
아이들 제비처럼 입을 모아 동동구리무!

엄마들 화장품 크림 파는
양코배기 약장수를 동네 사람들은
내남없이 동동구리무라 칭했다

때로는 원숭이 손잡고
때로는 깽깽이 바이올린 들고
신명나게 한바탕 놀면서 동동구리무 판다

동동구리무 장수 누가 밟았나
집에 와서 생각하니 내가 밟았네
아이들은 연원도 모르는 노래를 불렀다

뭘 밟았다는 건지
왜 밟았다는 건지
그래서 뭘 어쨌다는 건지 도통 몰랐다

오줌발이 바람에 풀풀 날리는 분 잡사 봐
무엇에 쓰는 물건인지
약장수는 잡사 바를 되풀이했다

약 파는 이는 으레
애들은 가라 소리쳤으나
쫓겨나는 아이는 하나도 없었다

구리무 바르면 얼굴 다 썩는다
약장수는 그냥 구경이나 하는 거야

동네에 약장수 나타나 요란하면
재봉 일 하시던 울 엄니
으레 이렇게 내뱉곤 하셨다

아이들 구경 가는 건 용인해도
직접 구경을 하시거나
구리무 사는 일은 없으셨다

가끔 불량품 산 이웃들
납중독에 얼굴 거무끄름하게 썩어도
다들 착하디착해 누구 하나 문제 삼지 않았다

근래 동동구리무 연원 찾아보니
북을 치며 크림 판 원조는
러시아에서 들어온 약장수였단다

해방 후 이들이 떠나고
재간둥이들 뿔테안경 주먹코 콧수염 달고
동동구리무 파는 짝퉁 약장수 되었단다

정품이건 불량품이건
육공 년대 동동구리무 약장수는
가난한 시골 알뜰한 문화전도사였으리

일 년에 한두 차례 극장 말고는
라디오 경청이 전부였던 시절
노래와 웃음 듬뿍 선사했으니 말이다

동동구리무도 가고
울 엄니도 가고
이제는 흐리마리 그 기억마저 간다

오호
아련한 추억이여
거기서 피어오르는 기꺼움이여

2017. 4. 12.

검정 고무신 　　　　－ 울 엄니 26

기다란 복도
이영식 주종학 김영일…
출석부 번호 매겨진
신발장에 검정고무신 올망졸망하다

깊숙이 머리 박은 채
우죽뿌죽 옹그린 뒤꿈치
지린 도탄에
삼학년 꼬맹이 자태 자못 쑥스럽다

얇은 널빤지 씨줄로 대강 엮은 신발장
가늠하기 버거운 시간의 무게 견디느라
한여름 소불알처럼 축 늘어진 채
예순일곱 명 검정고무신 고스란히 떠받치고 있다

겨울철 명태 넉넉하고
여름철 오징어 풍성하면
신발장에 운동화 먹물처럼 번지지만
흉어기 봄철이면 가차 없이 검정고무신 개락이다

사 월 하순 어느 눅눅한 오후
소년 신발장 이십사 번 자리에
마땅히 좌정하고 있어야 할
기차표 고무신이 온데간데없다

여벌 고무신 한 켤레 마땅치 않은 소년
뒤꿈치 가위표 표지 신발 찾아

디귿자 단층 건물 복도 두어 바퀴 헤매고는
발가벗긴 맨발로 신발장 앞에 답답히 쪼그렸다

무슨 일이야 왜 그러고 있어?

때마침 지나던 이웃 육 학년 승암이 형
그르렁한 눈물 보며 연유 묻더니
잠시 기다리라 하고는 총총 자취 감춘다

이거 신어 봐

한참 만에 건네는 검정고무신
기차표 아닌 말표
가위표 아닌 일자(一字)표

지하 골방에 드는 빛인 듯
사나흘 굶주리다 마주하는 곡기(穀氣)인 듯
다소 헐렁한 고무신에 발을 맞추며 꺼이꺼이 울었다

니 건 어쩌고 이런 걸 신었어?

귀가하니 울 엄니 눈 회동그래지고
소사 아저씨 방 뒤쪽에서 주웠다는
신발 바뀐 자초지종 듣더니 알았다 하신다

승암이가 준 신발은 제자리 갖다 놓으라 해라
승암이가 곤란해 하거든

담임선생님께 운동장에서 주웠다 하고 드려라

검정고무신 사 주시면서
울 엄니 이리 말씀하신다

승암이 형 만나
신발 건네려 하니 얼굴 일그러지매
울 엄니 뜻 받자와
담임께 드렸더니 착하다 칭찬하셨다

하굣길 다리 밑에서 물고기 몰던
모래밭에서 굽 뒤집어 자동차 놀이하던
기분 나쁘면 냅다 집어던져 화풀이하던
못된 선생 아이들 등짝 후려 패던 검정고무신

왜 운동장에서 주웠다고 시키셨어요?

구공 년대 어느 날
울 엄니랑 도깨비시장 들렀다가
어렴풋한 추억 덩어리 발견하고 물었다

소사 신발이라면 뻥끼가 묻어 있어야지
승암이가 준 신발은 다른 아이 거였어
아직 하교하지 않은 고 학년생 것이라 헐거웠던 게고
네겐 고마운 일이었다만 제자리에 돌려놔야 할 일이었지

궁핍한 소년의 갑갑한 검정고무신

맨발이 딱해 벌인 형의 특별한 배려
하지만 남의 피눈물 가져다 부모처자 이웃 챙기는
정당할 수도 없고 정당해서는 안 될 오판이 후리는 세상

실마리 콕 집어내
꼬인 실타래 척척 풀어내시던
울 엄니 어엿함이
간절히 그리워지는 사 월이다

2017. 4. 22.

국록(國祿)   – 울 엄니 27

범띠는 국록을 먹어야 한다
아바이 입이 닳도록 토로하셨다

양양 사는 소작농 김 씨 소뿔에 받혀 죽고
장천 사는 최 참판 똥구덩이에 빠져 죽고

국록 먹지 않아 황천길 간 범띠
황당한 본때 내대며 단단히 이르셨다

형 둘 학업 뒷전으로
교육보험까지 들어 앞날 채비하였으나

술독에서 허우적거리다
중학교 이 학년 때 영면에 드시었다

아바이 말도 일리는 있지
울 엄니 추어올렸다

생활기록부 장래 꿈에는
마냥 재판관으로 적시되고

일찍이 고향 떠난 형들
썩시게 돈 벌어 동생 학비 대주셨다

고교생 되고야
범띠 국록 터무니없음 알고

국록 직급 차이가
수도 없이 많음 알아차렸다

국록도 좋으나
천록(天祿)을 먹고자 하오

고교 일 학년생 두 형 설득할 적
동생 말도 옳다 울 엄니 힘 보태셨고

생활기록부 미래 꿈은 목회자로 옮고
학교 공부 자리는 성서와 철학이 대신 꿰찼다

친구들 모두 대학 갈 때
수도자 길 자처하여 신학교 갔고

기도원에서 철야로 금식으로
탁마(琢磨) 거듭하며 이 년 보냈다

그날이 언제 이를지 아무도 모른다
울 엄니 성서 인용한 신기(神氣) 어린 말씀

다가올 그날을 마련하고자
힘겨운 대학 입시와 교육학 전공

이후 언론사에서 굽은 길 바루고
어설픈 글쟁이로 쉰 언저리 살다가

아바이 뜻 문득 음미하니 국록은 공리(公利)요
소년 가슴이 그리 살라 줄곧 일깨웠음 알아차렸다

살아진 한 줌 한 줌 시간 속에
그날이 진작 머물고 있음 깨쳤다

범띠는 국록을 먹어야 한다
아바이 말도 일리는 있지

2017. 4. 28.

수학여행   - 울 엄니 28

쌀 두 됫박 하고
오백 원 내야 한데요

가정 통신 전달하는
아들 미간 일그러진다

육 학년 수학여행
인근 설악산으로 결정 나고
집에서도 못 먹는 쌀 그리고 수학여행비
과연 낼 수 있을지 호기심 우려 반반 어지러웠다

수학여행 못 가는 사람도 있으니
이것 가져가면 큰 문제없을 게다

꼬깃꼬깃한 오백 원과 함께
울 엄니 주신 자루에는 납작보리가 가득

남들이 모두 쌀 내는데
납작보리 좀 섞어 먹는다고 대수랴
용기 내고 다짐하건만
눈빛은 초조로이 흐늘거린다

이건 안 되잖아
선생님 얘가 보리쌀 가져 왔어요

쌀 거두던 반장 외침에
눈치꾸러기 얼굴이 화끈거린다

넌 왜 보리쌀이냐?

대수로이 떠보는 담임
할 말 잃은 소년
손은 민망하고 얼굴은 얼얼했다

동생 먹을 것 좀 사 주렴
없이 보내려니 마음에 걸리는구나

오그라든 체면으로
안쓰러운 탄식으로
작은형에게 부탁하는 울 엄니
소년 아무 말도 할 수 없었다

생선 포장용 나무상자 짜던
열아홉 살 형 뿌듯이 미소 지으며
사이다 한 병에 크라운 산도 두 봉지
동네 구멍가게에서 외상으로 챙겨 준다

수학여행 못 가면 두고두고 맺힌다고
한참 모자라더라도 재밌게 놀다 오라고
애달픈 기억 토로하며
백 원짜리 지폐까지 한 장 건넨다

다들 때 빼고 광내는 수학여행에
검정고무신에 낡은 체육복 차림
수학여행비로 육성회비 내자는 말

차마 못하고 떠밀리듯 설악산행 버스 타야 했다

비룡폭포 비선대 계조암
차례로 다녀오는 사흘 일정
백설여관 투숙한 아이들
라면땅 먹고 사이다 마시며 재잘재잘

산 오르다 고무신 미끄러져 무릎 생채기
수건돌리기 술래잡기 노래부르기
담임 카메라에는 조무래기들 얼굴이 박이고
소년 가슴에는 빈궁의 향취만 어찔어찔 아롱거렸다

노래 한 자락 했니?
무슨 노래했는지 한 번 불러 보렴

너절한 표정 마음에 걸렸는지
울 엄니 짐짓 웃으며 반긴다

푸른 하늘 은하수 하얀 쪽배에
가기도 잘도 간다 서쪽 나라로

반달에 서글픔 울컥 녹이니
꼭 잡은 울 엄니 손길 따사롭기만 하다

가난한 사진 잘 간직해라
나중 살아가는 데 큰 힘이 될 거야

며칠 뒤 담임 나눠준 사진 보여드리고
찢고자 하는데 울 엄니 말씀 근엄하시다

사십 년 남짓 쪽배 타고 노 저어 온 세월
서쪽 나라 의식할 즈음에야
납작보리 내고 고무신 신고 떠난 수학여행이
훗날 이토록 가슴 풍요롭게 할 줄 감히 예상이나 했으랴

불쑥 튀어나온 무릎 해어진 소매
구멍난 양말 검정 고무신
빛마저 바래가는 그 시절 흑백 사진
어루만져 보듬으며 읊조리듯 울 엄니 불러본다

손 내밀어 줄 수 없는지요?
손에 입 맞출 수 없는지요?
따스운 가슴 안을 수 없는지요?
당신 사랑 돌려드릴 수 없는지요?

2017. 5. 2.

소년과 바다   - 울 엄니 29

큰형 따라
바다 구경이나 다녀오렴

달빛에 젖어가면서
속초등대 아래로 이사한 이튿날 아침

여섯 살 꼬맹이
처음 맞닥뜨린 바다는 광활했다

드높은 하늘 싱그러운 바람
푸르름 너머 맞닿은 아득한 수평선

햇빛을 받아 비늘처럼 눈부신 물결
쉼 없이 끝 없이 밀려드는 파도

바위에 부딪쳐
산산이 부서지는 뽀얀 물보라

끼룩끼룩 허공 날다가
수면에 부리를 닦는 풍어의 여신 갈매기

이게 말미잘인데
애들은 할미보지라고 부르지

동전 크기 말미잘 촉수 흐늘거리다가
꼬챙이로 콕 찌르니 옴짝 오므린다

이건 불가사린데
아무리 잘라도 죽지 않아

세 토막으로 잘라 던져 버리는 큰형
자른 만큼 개체 수 불리는 불가사의 불가사리

그로부터 바위 풍성한 영금정 바닷가는
또래들과 어울리는 천진난만한 놀이터였다

앞마당이라 여기고
바다에서 실컷 놀렴

이마에 소금 피도록 미역 감고
햇볕에 그을린 피부 호르르 벗기고

맨발로 어울려 다니다가
성게 가시에 발바닥 찔려 호호호 불고

파도 잔잔한 날이면
납작한 자갈 던져 퐁퐁퐁 물수제비뜨고

숨비질 뿜어내는 해녀들의
바위틈 경의(更衣) 수줍게 바라보았다

소년 놀이터 바다는
아바이에겐 고단한 삶의 현장

바다가 주시면 풍요
바다가 주시지 않으면 곤궁이었다

여름철이면 오징어가 개락
근해에 나가 밤새 잡아오는 이까바리
얼음 싣고 나가 보름씩 잡아오는 남바리

얼린 냉동 남바리 오징어보다
싱싱한 연안 오징어가 더 없이 맛났다

겨울철이면 명태가 개락
망선배 타고 그물로 잡는 그물바리
미끼 달아 낚시로 잡는 낚시바리

그물로 잡아 올린 죽은 명태보다
낚시로 잡아 올린 산 명태가 훨씬 맛났다

오징어 명태 뜸한 사이사이
덴마 타고 나가 미역 따거나
그물 던져 도루묵이나 양미리 잡았고

흐물흐물 물곰이나
올챙이같이 생긴 싱뛰는
물고기 취급도 받지 못하는 천덕꾸러기였다

울 엄니 보망하거나 미역 너는 동안
소년 등에는 으레 여동생

허리춤 축축하도록 업어야 했고

등어리 뜨끈거리면
울 엄니 기저귀 갈고
양지바른 곳에서 젖을 물렸다

배는 절대 타지 마라
배울 생각도 해선 안돼

울 엄니 의지
두 형 항구에 나가지도 못하게 하셨고
동생들 어떤 바다 일도 시키지 않으셨다

울 엄니 말씀
풍어기에는 배터지게 먹다가
흉어기에는 쫄쫄 굶어야 하고

울 아바이 술
풍어기에는 기분으로 마시고
흉어기에는 근심으로 드시고

울 아바이 일
명태바리 그물 일에 허리 휘고
이까바리 낚시 일에 손 부르트고

울 엄니 걱정거리
남바리 떠나면 무사 귀한 한숨이요

집에 머물면 고주망태 술 노심초사이셨다

그런데 예상이나 했을까?
벗어나려고 발버둥쳤어도
추억 찾아 제 발로 다시 돌아올 줄

그런데 예감이나 했을까?
바다 일 하지 않아도
바다 추억 찾아 글 쓰며 살아갈 줄

앞마당이라 여기고
이제 다시
바다에서 실컷 놀고 있을 줄

엄마 향취 가득한
바닷가에서 좀 더 놀다
편안히 곁으로 돌아가겠습니다 어머니

2017. 5. 9.

해일 1968   － 울 엄니 30

얼른 일어나라
얼른 일어나라

주문 외듯 몇 번이고 부르짖는
울 엄니 애절한 목소리
진저리나는 악몽인 걸까?

몸부림에 축축이 젖어드는 등짝
오줌을 지렸나 싶어 눈 번쩍
방바닥은 온통 물바다로 출렁출렁

벌떡 일어서니
덜미 등 엉덩이 종아리 타고
짠물이 주르륵 흘러내린다

이불은 벌써 다락에 올려지고
그 위에 덩그러니 앉은
네 살 배기 여동생 울기를 앵앵

울 엄니 포대기로
햇아 들쳐 없고는
이부자리 단단히 옭아매신다

엄마 말 잘 들어라
하라는 대로만 해야 한다

아닌 밤중에 홍두깨
어리둥절한 아들에게

눈 마주보며 다짐 심어 꽁꽁

열네 살 큰형 데리고
아바이 문밖에서
아들 고무신 챙겨 오신다

큰 파도다 어서 빠져나가야 해
이런 너울은 반드시 또 오거든

아바이 말 미처 끝나기도 전에
야트막한 논두렁 강물 넘치듯
바닷물이 문지방 넘어 콸콸콸콸

아바이 온 몸으로 문 가로막아도
일곱 살 소년 발목까지 금세 잠기었고
잠시 물이 잦아들자 아바이 앞장서신다

지금이야
더 늦으면 큰일 난다

옷 보따리 머리에 이고
한 손으로 아들 손목 꼭 잡은 울 엄니
따라나서는데 콩알 같은 빗방울이 두둑두둑

보릿자루 품은 큰형 앞장서고
어깨에 이불 둘러멘 아바이
뒤에서 가족 살피며 발걸음 재촉하셨다

칠흑 같은 어둠
오징어 걸어 말리는 앙상한 가시철망
비바람 파도에 젖어 번들번들

빗줄기 사이 스산스러운 광풍
벼락 치듯 몰려오는 파도 소리
말미잘처럼 오그라드는 한복판 가슴

신발!
허둥대며 걷다가
검정고무신 벗겨져 외쳤다

그냥 가
시간 없어

뒤돌아보며
아쉬워하는 아들의 손목
울 엄니 한층 다부지게 잡아끌고

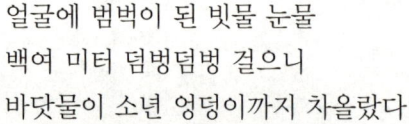

얼굴에 범벅이 된 빗물 눈물
백여 미터 덤벙덤벙 걸으니
바닷물이 소년 엉덩이까지 차올랐다

물난리 피해 앞서 가는
인규네 식구
희끄무레 눈에 들어오고

오십여 미터 다시 텀벙텀벙
주욱 빠졌던 물 뱃공장 지날 즈음
다시 밀려들어 소년 허리까지 삼키고

울 엄니 기우뚱
동생 손잡으라고 소리치시니
큰형 헤엄치듯 다가와 동생 팔 움키었다

삼호집 끼고 돌아라
등댓길로 올라야 해

가파른 언덕
수도 없는 인파
파도 피해 들어 와글와글

그날 늦은 오후까지
해일은 여전히 거세고
폭우는 그칠 줄 모르고 꽈르릉

아바이 지인이 내어준 단칸방
함석지붕에 듣는 구성진 빗소리
울 엄니 끓여내는 칼국수로 허기 달래고

어른들 삼삼오오 모여
라디오에 귀 기울거나
삽자루 들고 물 빠진 집 드나드는데

철없는 아이들
고물 주우러
옴팡 재미지게 쏘다녔다

아버지 따라가 보렴
좀 거들어야 할 거야

이튿날 오전 울 엄니 말씀에
고무신 한 짝 쓰레기 더미에서 주워 신고
아바이 따라 다다르니 집은 아예 아수라장

덴마 뱃머리 흙벽에 처박히고
창호 문짝 간 데 없이 떨어져 나가고
깊다란 부엌은 모래로 가득 채워져 있었다

아바이와 형들 덴마 끌어내고
부엌 모래 퍼내고
천장에서 떨어진 붉은 생쥐 떼 도륙내고

바닷물 떠다가 주방집기 씻고
삼호집에서 연탄 사다 불 지피고
외상 보리쌀로 굶주림 녹이고

주민등록지 안 옮겨서
우리는 보상이 어렵다네
풀 죽은 아바이 말씀에

시름 더욱 깊으니
울 엄니 탄식 해일처럼 밀려들었다

죽은 자 장례 치르고
부서진 집 수리하고
파손된 배 건조 시작하고

밀가루 보리쌀
이재민에게 지급될 적
우리 식구만 손가락 쪽쪽 빨았다

세 사는 집구석
굶주림은 더 악랄해지고
눈에는 허깨비가 어질어질

육팔 년 시월 스무나흘
동해안 휩쓴 해일
도대체 어떤 일이 벌어진 것일까?

끔찍한 일이었어
많이 죽고 많이 잃었지

울 엄니 말씀 되새겨
구공 년대 기자로 살 적
조회하니 해일 피해는 뼈아팠다

사망 실종 57명
이재민 2만 3,300여 명
가옥 파손 500여 채
어선 유실 1,500여 척

하긴 그랬다 그날 이후
길 건너 어른 아이 몇몇 보이지 않고
담 너머 아저씨 고기잡이 목선 부서졌으니까 와장창

허술한 아픔 수군거리는 사이
무수한 노을 흠칫 지고
거북한 비바람 움칫 불었지만

그토록 참혹한 가을
그토록 두려운 밤
그토록 굶주린 해일 다시는 없었다

어쩌면 울 엄니 사랑에 오늘
덤으로 사는지 모를 일
우수리로 버티는지 모를 일

연꽃같이 화사하고
구슬같이 우아한
울 엄니 연옥(蓮玉) 말씀 생생하다

얼른 일어나라
얼른 일어나라   2017. 5. 10.

입학통지서   － 울 엄니 31

여덟 살 됐으니
올핸 학교 가겠네

어깨 다독이고
머리 쓰다듬으며
어른들 저마다 한마디씩

한글도 떼고
구구단도 외고
가슴 쿵쿵 기다린 입학

입학통지서 들고
친구들 들뜨는데
소년에게만 감도는 적막

햇미역 부치시는
울 엄니께 여쭈니
아바이께 물어 보마 하신다

면사무소 직원 실수로
출생신고가 늦게 됐다는구나

며칠 뒤 들은
어처구니없는 말씀은
그지없는 실망 입학 불가

타오르던 학구열 피식 꺼지고

세상 갓 나온 둘째 여동생 업어 키우는
갈피없이 느슨해진 일상

총명 대신 우둔으로
아담 대신 우람으로
설렘 대신 좌절로

가방 메고 학교 오가는 친구들
물끄러미 바라보는 소년
차마 미치도록 서러웠다

너무 힘들어 할 것 없다
늦은 입학이 좋을 수도 있으니까

햇아 업어주라는 당부
툭하면 불뚝거리며 뻗대니
울 엄니 차근히 불러 타이르셨다

그 속뜻 헤아리긴 과분했으리
고등학교 마치도록
동네친구 선배로 대접하기 애가 마르고

선배랍시고 교실 들이닥쳐
주먹질 일삼는 오만
도무지 사람답지 아니하여

가슴은 씰룩씰룩 뒤틀리고

머리는 배리배리 꼬여
무무하고 허탈한 시간만 보냈으니까

아홉 살 입학 이후
어찌 살아왔던가?

근래 자문하니
어찌나 우스꽝스럽던지
울 엄니 말씀에 절로 고개 숙여진다

놀아도 준수한 학업 성적
큰 덩치로 씨름부 주장
늦은 입학이 외려 좋은 일이었으매

입학통지서 같은 삶
한 해 이르면 어떠하고
한 해 늦으면 어떠하리오

먼저 간다고 일찍 가는 게 아니고
일찍 간다고 잘 가는 게 아니고
잘 간다고 행복한 게 아닐 진대

2017. 5. 13.

가슴 손수건 　　　　－ 울 엄니 32

이거 붙이고 가거라

국민학교 입학식 날 아침
빛바랜 갈색 천 조각
옷핀으로 가슴에 꽂았으나

코 흘리지 않는 신입생
왜 달아야 하는지
도무지 영문 몰랐다

흘리지 말고 잘 닦아

감기 걸리지 않고도
코 질질 흘리던 개구쟁이들
우리 학급 여남은 명

윗입술 오르내리던 누런 코
담임 한마디에
두 동굴로 눈 깜짝할 새 빨려들었다

아유 더러워라

남학생 반 담임은 남선생
여학생 반 담임은 여선생
코흘리개는 요상하게도 남학생들 뿐

코 질질 흘리면

으레 호된 꾸지람
자상히 닦아주는 담임은 어디에도 없었다

이런 한심한 녀석

가끔 부라리는 호랑이 눈에
잔뜩 긴장한 아이들
소매로 쓰윽 닦으면

코언저리는 말라붙어 해끗해끗
소매는 눌어붙어 번들번들
담임 한심에 겨워 혀만 끌끌 찼다

그만 하랄 때까지 달고 다녀라

어린이날 지날 즈음
다들 가슴 손수건
슬그머니 떼어 버렸어도

울 엄니 말씀 따라
아들 가슴에는 한 학기 내내
꼿꼿이 매달려 대롱거렸다

너 이리 와 봐

상급반 선배들
싸움질에 코피라도 터지면

만만한 게 소년 가슴 손수건

다짜고짜 달려들어
행여 빼앗길까 앙다물고 버티면
머리에 여지없이 꿀밤 날아들었다

손수건 달고 오라 안 하든?

구구 년 맏딸 입학식
아비 농담에
까르르 웃으며 헐 한다

요즘 누가 달고 다녀 촌스럽게

아비 향한 의아한 눈초리
하긴 니가 알 리 있겠니?

터무니없는 원칙마저 지켜낸 꿋꿋함을
코피 묻은 천 조각 헹구던 자상한 배려를
그런 울 엄니 향한 아들의 간절한 보고픔을

2017. 5. 19.

개구멍

— 울 엄니 33

울타리 귀퉁머리
자그마하게 터진 구멍
개가 나든다 하여 개구멍

꼬맹이들
뻔질나게
드나들 게 마련

국민학교 에워싼
담벼락에는
응당 개구멍 서너 곳

지각이라도 할라치면
집 가까운 개구멍 찾아
아이들이 쏙쏙 들락거렸다

찬바람 부는 겨울 어느 날
등교하던 오 학년 소년
가시철망 귀퉁배기 개구멍 빠져나가다

곤두질로 처박혀
호되게 손가락 찢기면서
시붉은 선혈 처량히 흘러

무제 공책 서너 장
북 헐어 손가락 감싸고
육 교시 수업 내내 호호 부는데

담임 그 흔적 보더니
무슨 장난질 쳤느냐
마땅찮게 끌끌거리며 야단치셨다

손가락이 이 모양인데
양호실은 안 데려가고

울 엄니 어여쁜 아까징끼
정성껏 바르고
낡은 내의 찢어 싸매 주셨다

눈 똑바로 보거라
개구멍으로 드나들면
사람이 개 대접 받는 거야

고개 끄덕이는 아들 아픔
대신 서러워
천장 응시하며 울먹이셨다

그 시절 우린 왜 그리 살아야 했던 걸까?
가난은 최고의 인권 유린이라더니
교사마저 아이 인권 유린했으니 말이다

개구멍 같은 편법과 요령이
사람 돈 둘러싸고
다소간 묵인 아래 만연한 세상

사람대접 받는 건 저 할 탓이라는
울 엄니의 엄정하신 목소리가
오늘 따라 유난히 가슴을 후빈다

눈 똑바로 보거라
개구멍으로 드나들면
사람이 개 대접 받는 거야

2017. 5. 27.

들기름

– 울 엄니 34

마룻바닥 칠해야 하니
들기름하고 걸레 준비해 올 것

이 학년 소년
담임 말씀 금쪽같이 여겨
울 엄니께 담담히 고하니

박카스병 하나 가득
들기름 따라 건네며
나지막이 웅얼거리신다

사람 먹을 것도 없는데
마룻바닥에 바르면 어쩌누

아귀 맞지 않은 송판
엉성히 엮어 깐 마룻바닥
꼬마들 뛸 적마다 삐거덕거리며 놀고

삐져나온 못 대가리에 발가락 긁히고
널빤지 조각 떨어져 나간 가시에 발바닥 찔려
꼬맹이들 맨발은 일쑤 생채기투성이였다

걸레에 묻혀
바닥에 고루 칠해라

수업 마친 뒤 책걸상 치우고
가로로 기다랗게 줄지어 앉아
기름 붓고 걸레 문지르니

굶주린 마룻바닥 쪽쪽 배 채우고
아이들 옷은 기름 범벅
교실엔 고소한 들깨 향 보얗게 번졌다

내일은 양초 칠이니
하나씩 챙겨 와라

들기름 고루 먹여
허연 마루 버짐 가무스름해지니
담임 주문은 양초 칠로 바뀌었고

아이들 조막손으로 몇 날 며칠

줄지어 앉아 칠하고 문지르면
촛농 묻은 텁텁한 손 씻느라 애가 말랐다

밖에 나가
무릎 꿇고 손들어

언제였던가?
사 홉 들이 소주병에 들어 있던 들기름
바닥 드러내는 바람에 지참하지 못한 날

담임의 호된 꾸지람 듣고
청소 시간 내내 친구 네댓 명과

복도에 꿇어 앉아 거친 수모 삭여야 했던 날
없이 사는 애들까지
그리 닦달할 일이 뭐라더냐?

마침 시장에서 들기름 사오시던 울 엄니
학교에서 벌섰다는 투정 무심히 흘리며
박카스병에 따라 주고는 이튿날 가져가라 하셨고

이미 늦었다고 뾰로통한 아들
살살 달래면서도
표정은 그저 심드렁하기만 했다

아들 잘못도 있어
미리 말을 했어야지

울 엄니 말씀은 지극 당연
기름 수집 말미 사흘이었고
마지막 날 따라가리라 여긴 불찰 탓이니까

그래도 하필
마감 날 바닥난 것이
못내 야속하기만 했다

저게 뭐지?
낯익은 이 홉 들이 진로 소주병

그로부터 두어 달 뒤
심부름 차 담임 댁 갔다가
담장 귀퉁이에서 들기름 병 보았다

기름 가져가지 못한 소년이
벌서면시 뚫어져라 바라보았던
우측 하단 라벨 세 가닥으로 해어진 소주병

왜 그러니?
필요하면 줄까?

소주병 집어 드는 양
잠잠히 살피던 사모
미소 띤 얼굴 곱고 다감하신 말투

고개 가로저으니
빨간 줄 알록달록 사탕 내미셨고
그 달달함에 눈빛 흐릿하게 녹아내렸다

그랬다
나라가 궁핍에 휘감겼던 때
끼니 거르는 아이 쥐어짠 들기름이
교실 바닥 코팅제로 담임 식재료로 쓰이던 시절

쥐어 짜여 기름 바친 아이
달콤한 사탕 하나에 넋 잃고
고갈 당하고도 고마워하며 살아야 했던 날들

고혈(膏血) 짜는 자도
고혈 짜이는 자도
새겨야 할 울 엄니 고언(苦言) 어엿하시다

사람 먹을 것도 없는데
이런 걸 가져 오라 하면 어쩌누

없이 사는 애들까지
그리 닦달할 일이 뭐라더냐?

2017. 6. 1.

마른 펌프질 　　– 울 엄니 35

칠공 년대 국민학교
교실 마루 밑은 넙죽넙죽
학용품 삼키는 블랙홀이었다

소나무 널빤지 소홀히 얽어
못으로 꽝꽝 때려 박은 마룻바닥
여기저기 숭숭 난 구멍과 벌어진 틈새

옹이 빠진 구멍은
지우개 몽당연필 칼
심지어 동전까지 덜커덕 삼키고

널빤지 벌어진 틈새는
크레용 연필 분도기
하물며 퉁소까지 덥석 빨아들였다

마루 밑에
들어가지 말 것

안전사고 우려한 담임
출입 엄금 명했으나
덩치 작은 아이들 날다람쥐처럼

배수로 환기구로 몰래 들어가
바지 주머니에
학용품 그득 주워 나왔다

우리 반 날쌘돌이 천복이
맨 앞자리 날랜 솜씨
이따금 나들면 머리칼엔 온통 거미줄

점심시간 살금살금
개구멍 기어 나오면
꼬맹이들 학용품 얻으러 줄을 서고

뒷자리 키 큰 녀석들
제 것이라 고함치면
불쑥 건네며 천연덕스럽게 웃었다

무엇보다 우쭐거리는 전리품은
일 원짜리 은빛 동전
하교할 때 풀빵 곧잘 얻어먹으니

아이들 부러워
개구멍에 머리 들이밀고
흐리터분히 천복이 바라볼밖에

천복이 개구멍 전성시대는
덩치가 듬쑥 커버린
사학 년 조심스레 마감되었다

청소 마친 삼학 년 어느 날
동무들 모두 돌려보내고
뻐그러진 널빤지 한 장 들추니

바닥에 수북한 잡동사니
팔 뻗어 옴킨 한 움큼엔
연필 두 자루 지우개 하나

소년만의 시간 소년만의 공간
부지런히 바닥 훑다가
십 원짜리 동전 두 개에 두 눈 화들짝 떠졌다

건빵 한 봉지
라면땅 한 봉지
몰래 사서 동생들에게 인심 쓰고는

이튿날도 그 다음날도
수업 마치기 애타게 기다려
이슥하도록 바닥 헤집었으나

동전은 고사하고
몽당연필 하나
제대로 나오지 않았다

안 나오는 물
오래도 펌프질했구나

먼지 땀 뒤범벅으로
사흘째 어둑해서
하교하는 아들 향해

또박또박 연유 물어
자초지종 들으시더니
울 엄니 냉큼 한 말씀 하신다

무심한 나날
울 엄니 매서운 경고
왜 이리도 까맣게 잊고 살았던 걸까?

무예에 전념하리라 작정하고
정리 보존에 필요한 자금 마련하고자
잘 다니던 신문사 사직하고

재산 모두 털어 넣어
사업 벌이다 깡통 차고는
십 년 가까이 흠뻑 허덕였다

전승에 필요한 자금 마련
오순도순 살아갈 가족 위해
오늘도 펌프질하며 살지만

알 수가 없다
나올는지
나오지 않을는지

나오던 물도 마르기 십상인데
이제껏 한 번 나오지 않은 물이
펌프질한다고 어찌 쉬이 나오리오

예나 지금이나 어리석어
마른 펌프질만 일삼는 아들
죄송함에 가슴만 저밀뿐이외다

안 나오는 물
오래도 펌프질하고 있구나

2017. 6. 2.

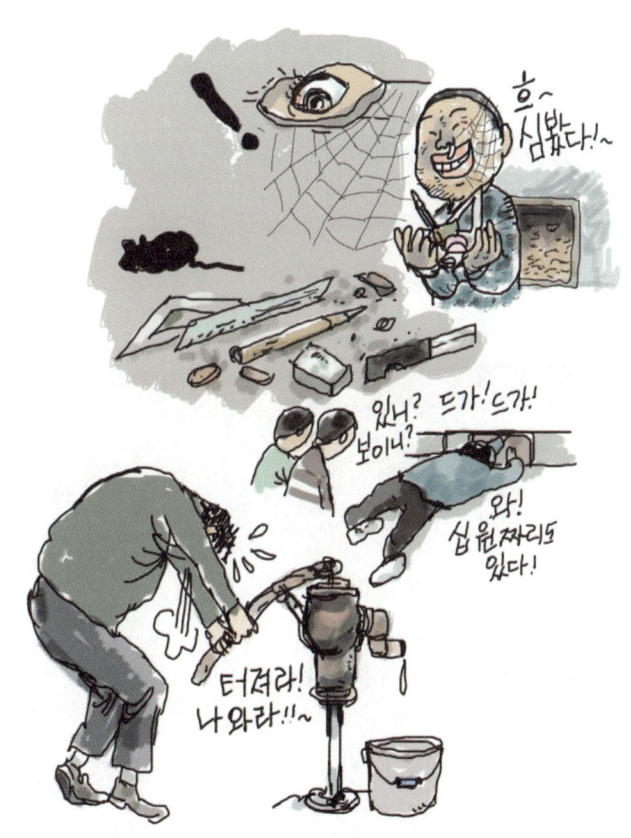

우리 집 　　　　　　- 울 엄니 36

작지만 우리 집 장만했으니
이젠 사글세 걱정 없겠구나

시내로 이사한지 사 년
울 엄니 입가에 편안한 미소 번졌다
영랑시장 뒤 켠 바닷가 움막
선금 팔천 원 주고 나머지 오천 원은 외상

육이오 전쟁 끝나고
시유지 점거한 무허가 건축물
방 두 개 부엌 하나에 경사진 천장
낮은 쪽은 열 살 배기 머리가 닿았다

벽은 시멘트 덧바른 흙벽
지붕은 기름종이에 골탕 입힌 루핑
한여름엔 열기로 푹푹
한겨울엔 냉기로 쌩쌩

우리 집이라고는 해도
물 화장실은 도리가 없었다

물은 오십 미터 거리 공중수도에서
양동이나 바케쓰로 퍼 나르고
소대변은 똥 밟기 예사인 공중화장실에서
신문지 들고 오가며 지독한 똥내 맡아야 했다

형들 돈 벌러 서울 간 사이 여동생 둘 늘어

아침 나절 울 엄니 세 여동생 데리고 어판장 가시고
아들 하교하면서 집에 가방 두고 어판장 들러
일곱 살 네 살 두 동생 더불어 숨바꼭질하고 노노라면

명태바리 아바이 통통배 귀항하고
그물에서 추려낸 명태 수협에 넘길 적
장보러 나온 주부에게 우수리 여남은 마리 팔아
백 원짜리 지폐 꼭 쥐어 주며 울 엄니 당부하신다

연탄 두 장 사서 불 갈고
납작보리 석 되 사서 윗방에 갖다 두거라

가운데 구멍에 새끼줄 끼워 묶은 구공탄
양손에 하나씩 들고
납작보리 부대에 담아
동생에게 들려 뚜벅뚜벅 긷는 귀갓길

아궁이 열어 연탄불에 물 길어다 올리고
얼굴 소매에 분칠해 가며
곰표밀가루 담뿍 퍼내 반죽하면서
두 동생과 벌이는 즐거운 요리교실

국수방망이로 반죽 두툼하게 밀고
떡국 모양으로 정성껏 썰어
오늘 요리는 떡국 외치면
동생들 신나게 박수 짝짝짝

펄펄 끓는 물에 소금 한 움큼 뿌리고
밀가루 떡국 달랑 넣어 기다리면서
데운 물에 왜간장 타서 쩝쩝 마시고
진짜 떡국보다 더 맛있는 가짜 떡국 먹었다

날이 어둑해져 남폿불 아래 숙제 마칠 무렵
귀가한 울 엄니 동생들 애써 잠재우고
아들 끓인 떡국에 찬밥 말아 후르륵
아바이 코 고는 소리에 남폿불도 스르륵 잠이 들었다

새벽녘 소란스러움에 실눈 뜨면
일기예보 왕왕거리는 라디오 소리
아바이 밥 챙겨 드시는 수저 소리
통행금지 해제 시각 맞춰 집 나서는 소리

설핏 잠들었다가
다시 일어나 이 닦고 세수하고
하이칼라 가르마 멋지게 타고
가장 먼저 등교해 문 열면 친구들 쪼르르 몰려들었다

그렇게 되풀이 되던 열 살 소년의 일상
간간이 재건빵 먹고 싶고
간간이 아이스께끼 먹고 싶어도
고생을 고생이라 여기지 않고 산 날들

얼마나 고귀한 추억인가?

부족하였기에 왜 부족한지 살폈고
굶주렸기에 왜 굶주리는지 돌아보았고
결여가 컸기에 왜 결여되는지 번민하였으니

그 시절 애틋하게 지은
자그마한 우리 집
시와 노래로 눈부시게 꾸미며
보란 듯 풍요롭게 살고 있으니 말이다

2017. 6. 7.

도쿠리 　　　　　　　　　– 울 엄니 37

이 도쿠리 풀어서
둘둘 감도록 해라

칠이 년 겨울방학 시작되자마자
군데군데 구멍 뚫린 회색 스웨터 주시며
울 엄니 실 풀어 실타래 만들라 하신다

일러주는 대로 실마리 당기니
토도독토도독 튀밥 튀기는 소리
소르륵소르륵 털실 감기는 소리

편평하던 도쿠리 솔솔 실이 빠지니
여위는 만큼 보송보송 살이 올라
돼지불알만 하게 실타래 부풀어 올랐다

구멍 난 곳에서 끊기면
묶어서 계속 감도록 해라

두 실마리 가위표로 겹쳐
엄지 검지 사이에 대고
한 줄 잡아 엄지에 휘감은 뒤

손가락 빠진 동그라미 안으로
한쪽 실마리 끼우고 바짝 조이면
좀체 풀리지 않는 작고 단단한 매듭

두 눈 방그레한 아들더러

그물 기울 때 실 잇는 매듭이라고
울 엄니 자상하게 미소로 이르신다

이거 다 풀면
도쿠리 떠 주마

며칠 뒤 이번에는
낡은 고동색 스웨터 내밀며
실타래 또 만들라 주문하신다

소쿠리에는 미리 모아둔
햇아 머리 크기
갈색 초록색 실타래 하나씩

파고 높아 출항 못하는 날
대바늘에 뜨개실 걸어
울 엄니 짬짬이 뜨개질에 몰두하셨다

털실이 오래됐으니
실을 두 겹으로 엮어야 해

털실 네 가닥
콧수와 단수 재느라
아들 등짝에 수도 없이 대보고

겉뜨기 안뜨기
단수 늘어갈 적마다

도톰한 촉감 볼에 기꺼이 비볐다

편물점에 맡기면
한 나절이면 짤 스웨터
울 엄니 정성은 두 달이나 걸렸다

울 아들
올 설빔은 이거다

설 이틀 전 명태바리 끝나
선주 집에서 회계 맞추고
허리에 전대 꿰차고 귀가해

삼구시장 나가시어
동생들 설빔 사실 적
아들 상의는 설명한 스웨터가 대신했다

명절에나 간신히 얻어 입는 옷
홀로 받지 못한 아들
뾰로통해 주둥이 열댓 발

어디 개가 짖나 싶겠지만
당장 좋다고 끝까지 좋은 건 아니야

털실 모자라
소매가 짧은 두터운 스웨터
당장 서운했지만 오래도록 좋았다

해진 소매 해마다 덧대니
내리 삼 년이나
절친한 벗으로 머물고

명절 쇠러 내려온 두 형 따라
배마사진관 들러
생애 첫 사진에 스웨터 고이 남겼으니까

일본어에 잘못 찌든 어른들
도쿠리를 도꼬리라 불렀지만
목까지 감싼 옷만큼은 더 없이 따스했다

털실 모자라 어긋난 색상 알록달록해도
정성 듬뿍했던 울 엄니 손길만큼이나
더 없이 따뜻하고 포근하였다

2017. 6. 9.

등대   - 울 엄니 38

저게 무슨 소리예요?

빼애애애앵
고막 찢는 소리

국민학교 이 학년 때
하교하다 돌연 걸음 멈추었다

안개 자욱한 도로에서
늘 듣고도 처음 들리는 소리

배 잘 들어오라고
나팔 불어 주는 거란다

우뚝 선 하얀 등대에서
안개만 끼면 울던 소리

속초 시내가 짜랑짜랑
어쩌면 그리도
야단스러운 소리 토해 내던지

무슨 나팔이기에 저렇게
우렁찰 수 있는지 막연히 놀라웠다

풍차 같은 불빛은 뭐예요?

빔 장착한
프로펠러 도는 듯

외계인 타고 온
유에프오(UFO) 작전 신호 보내는 듯

눈비 오지 않는 맑은 밤
등대는 빙빙 도는 세찬 불빛 내뿜었다

배 잘 돌아오라고
비춰주는 거야

깊은 소리 쏘느라
짙은 빛 보내느라

등대지기는 요란스러워
잠이나 제대로 들었을까?

큰형이 불러주는 노래
등대지기 들으며 수두룩 잠들었다

파도에 지친 배 도우려면
등대지기는 언제나 깨어 있어야 하는 거야

고교생 이 학년 새해 첫날
등대 뒤편 둔덕에 올라

붉게 타오르는 태양 앞에서
울 엄니 아들 손잡고 기도하셨고

이후 아들 길은 모두

스스로 결정에 맡기셨다

나팔
그걸 어찌 아셨을까요?

파란만장한 울 엄니
뺑소니차에 회한 어린 세상 뜨시고

쓸쓸함에 들른 속초
취재 나부랭이 벌인 등대에서

공기 압축해 뿜는 소리가
등대 나팔 소리임을 알았다

오늘 불현듯
등대 떠올리며 살펴보외다

안개 낀 날 나팔 부는지
별 초롱초롱한 밤 빔 뿜어내는지

그리움에 불현듯
울 엄니 떠올리며 헤아려 보외다

이제껏 깨어 살았는지
앞으로도 깨어 살아갈는지

2017. 3. 10.

철부지 훈육　　　　　- 울 엄니 39

아버지께 가 보아라
말씀 잘 새겨들어야 해

열 살 아들에게
울 엄니 찬찬히 이르시고

아바이 앞에 서니
아들 향한 말씀 엄중하시다

형한테 가서 말하거라
형님 식사하세요 이렇게

도립병원 인근 목공소
열일곱 살 큰형 일터로

엄한 뜻 높이 받자와
아뢰러 가는 서먹서먹한 길

넌 동생이잖니?
형 이름 함부로 부르면 안돼

며칠 전 타이르시던
울 엄니 목소리 귓가에 어른거렸다

형을 형이라 부르지 않고
그 나이 되도록 이름 부르던 싹퉁머리

형님
아버님께서 저녁 식사하시랍니…

아바이 위엄에 눌린 어색한 말투
눈물이 주르륵 앞을 가리니

큰형 기특하다는 듯
미소로 어깨 보듬으셨다

상호야
얘가 뭐라 하더냐?

소주 곁들인 아바이
짐짓 묻는 시늉 그리고 오십 환 동전

이후 큰형 호칭은
자연스럽게 형이 되었다

버릇 고치려고
아버지가 뜻을 세웠던 게지

아바이 영면하시고
몇 해 뒤 고교생 시절

울 엄니께 여쭈었더니
답변은 그다지 대수롭지 않았다

일곱 살 터울 형
함부로 이름 부르는 철부지

울 엄니 아바이 작심하기까지
오죽 한심하다 여기셨을까?

아바이 바투 작정하시고
울 엄니 넙죽 거들어

버릇 고치려는 시도
즉각 효과 보신 정황

한국미래 교육에 달려 있다 여겨
대학에서 교육학 전공하고도

울 엄니 아바이 가르침
흉내조차 못 내고 어수룩이 살았다

표현 방식이 제각각일 뿐
자식 사랑하지 않는 부모 어디 있으랴?

때론 엄격함으로 때론 자상함으로
저만의 사랑 펼치게 마련이지만

자식 깨우치도록
채찍과 당근으로

걸쭉한 기회 제공하신
쏠쏠한 지혜 어찌 채울까?

나를 사랑한 님이시여
내가 사랑한 님이시여

형님!
아버님께서 저녁 식사하시랍니다

2017. 6. 12.

골뱅이 　　　　　　　　　― 울 엄니 40

지금 가장 드시고 싶은 게 뭐예요?

딱히 없다 속초 골뱅이라면 몰라도

대학 졸업 후
신출내기 기자로
호구지책 근근이 해갈하던 서른 초반

어린 손주 돌보느라
동두천으로 거처 옮기신 울 엄니
까슬까슬한 팔 년 도심 살이 회한 깊으셨다

이렇게 마련된 둘 만의 고향 여행
아바이 산소 들러 헌화하고
원암 자활촌 사돈댁 들러 흐드러진 웃음 나누고

수산물시장
홍게 참골뱅이 잔뜩 사서 삶으니
아련하고 자릿한 추억이 자욱이 피어올랐다

어릴 땐 입에 넣어 줘도 안 먹더니
나중엔 걸신들린 듯 먹어 치웠지

울 엄니 기억은 한 치 엉클어짐 없으셨다
소년 세상 빛 본 지 여섯째 해
그해 겨울 어느 즈음이었으리라

아바이 그물에 걸린 골뱅이
정성껏 삶아 입에 넣어 주는 걸
징그러워 차마 못 먹고 고개 저었다가

며칠 뒤 연탄불에 구운 골뱅이
안 먹으면 손해란 말에
조금 떼어 오물거리다 달뜨는 맛에 반해

골뱅이 하루 저녁에
두 됫박 양푼 가득 담아내어도
앉은자리에서 제꺼덕 해치우는 애호가 됐다

옛날 맛이 나려나 모르겠다
어디 한 번 볼까?

삶은 골뱅이 집어 들고 능란한 솜씨로
쇠젓가락 푹 찔러 뱅글뱅글 돌리니
똥까지 남김없이 쏘옥 모조리 빠져 나오고

아들 입에 덥석 물리시어
올차게 씹어 삼키니
눈 가슴 황홀경에 몸서리치고

울 엄니께 하나 빼 드리려고
골뱅이 집어 드니
양손으로 묵직이 제지하시고

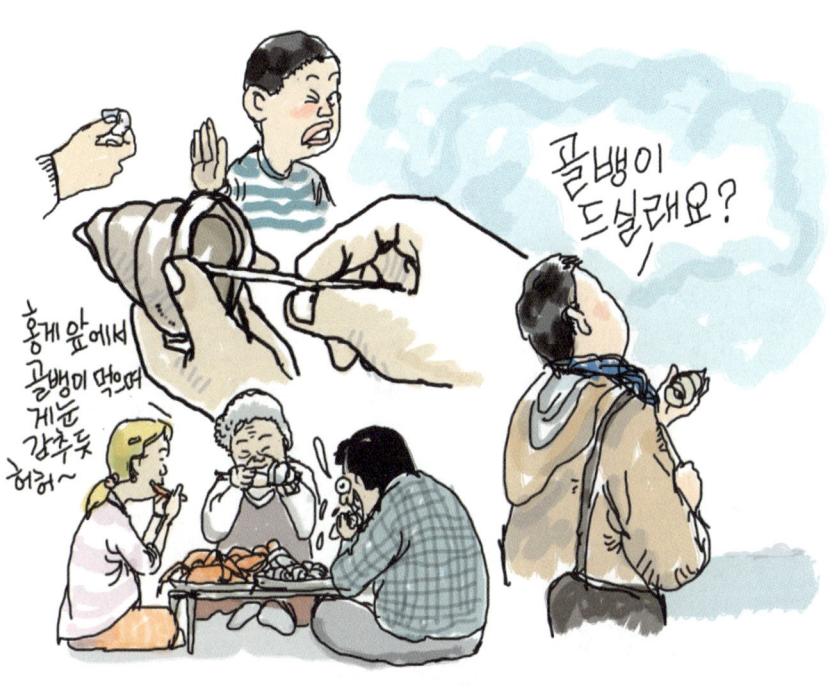

큼지막한 골뱅이부터 살을 빼
끝도 없이 입에 넣어주시며
흐뭇뭇 바라보시는 얼굴 주름이 고왔다

골뱅이가 왜 골뱅이인가 하면
모양이 요렇게 뱅글뱅글 생겼잖아

어쭙잖아 보이긴 해도
뱅글뱅글 골뱅이 근사하다

잘 살면 맛난 골뱅이 뱅글뱅글
못 살면 속 파 먹힌 골뱅이 골병

우리네 세상살이
뱅글뱅글 잘 돌기를
골병들지 말기를
그 골뱅이 마지막으로
이십사 년 내내 못 드심은
울 엄니 그해 가을 이승 뜨셨음이다

울 엄니 그날
어른으로 사는 아들에게
어린 아들 대하듯 골뱅이 먹이신 까닭은

자신의 길 예감하신
훈훈한 포옹이었을 수도 있으리
애잔한 이별의식이었을 수도 있으리

골뱅이 드시겠어요?
오늘 꿈에 짤막한
응답이라도 들었으면 좋으련만

2017. 6. 17.

오줌싸개   – 울 엄니 41

오줌 꼭 누고 자거라

네댓 살이면 가리는 오줌
초등생이 되어도 잦으니
울 엄니 밤마다 볼 일 챙기셨다

기저귀 채울 아기도 아닌
선머슴 같은 아들 향해
대책 없이 쏟아내는 한숨

그것도 봄가을 환절기
홑청 풀 먹여 이부자리 마련하면
날 잡아 의식 치르듯 일을 벌이고

굵어가는 머리에
식견은 성큼성큼 드는데
오줌싸개 헤어나질 못하니 골머리 앓을 수밖에

이놈 저리 가거라 휘이 휘이

비단 소년 뿐 아니어서
이웃 꼬맹이 새벽녘 키 쓰고 오면
울 엄니 소금 주며 짐짓 호통쳐 보내셨다

제 발 저린 도둑
차마 얼굴 들지 못하고
깨고도 자는 척 일그러지는 미간

아는지 모르는지
아침밥 지어
다사롭게 먹이시며

정작 오줌싸개는
단 한 차례도
소금 얻으러 보내지 않으셨다

야 덕에 보약 드셨어요

일찍 잠든 날이면
자다가 깨우는 소리에
여지없이 일어나 요강 마주하던 중

남폿불 꺼진 어느 밤
비몽사몽 헤매다
뚜껑 열린 주전자에 실례

제사 차 방문한 작은 아바이
새벽 목마름에
주전자 벌컥벌컥 들이켜시고는

이튿날 아침 상머리에서
물맛이 요상하다 이르시매
정황 살핀 어른들 왁자지껄 박장대소

샘이 솟는구만

고놈의 오줌은 학교에서도 말썽
매 쉬는 시간마다
오줌 누러 가야 했던 소년

교실에서 발생한 천 원 도난 사건
범인 찾느라 눈에 불 켠 담임
육십칠 명 전원 책상 위에 무릎 꿇리고

팔십 분 지나도록
아무도 소변 못 보게 하니
오줌 마려워 전신이 월겅덜겅

견디다 찔끔 움찔거리다 찔끔
담임 지켜보다 못해
소년 변소 보내 준 뒤

그날 오후
범인 색출하고는
소년더러 샘자지라 놀렸다

이것 마셔라 효험 있다 하더라

어디서 구했는지 모를
마른 감꼭지 한 부대
몇 날 며칠 끓여 마시게도 하고

저녁 공복에

당근 구워
하나씩 먹이기도 하고

찹쌀로 떡을 지어
간간이 먹였어도
어느 것 하나 신통치 않았다

수(水) 기운이 이리도 강할 수가?

마흔 중반 넘었을 무렵
우연히 만난 명리학자
눈 휘둥그레 뜨고 놀란다

삼십 년 넘게 지속한 무예 수련 덕택에
둥글둥글 기운 흐름 아는데
그 양반 어지간히 유난한 호들갑

기이하게도 그로부터
여기저기서 맞닥뜨리는 기인들
물 기운이 너무 세 주변이 모두 떠내려간다며

그 기운 감당할
강력한 불기운 다가왔으니
비로소 때 이르렀다며 요란스럽다

조용한 바다가 더 무섭단다

물 기운 강한 탓에
오줌싸개로 자랐든
그 기운으로 주변 휩쓸었든

소년 이제는
파랑 일으키지 않으려
아주 잠잠히 살아가고자 한다

물결 잔잔해야
물고기 모여 살고
여객선 뜰 걸 아니까

물결 고요해야
수변에 풀 자라고
어여쁜 꽃 필 걸 아니까

지금 비록 수면 잔잔하나
물 기운 모으면
거대한 휘몰이 일어날 걸 아니까

아아 나이 들어 물 기운 더 빠지기 전에
오줌 한 번 질펀히 싸야겠다
오줌 누고 자라고 울 엄니 늘 말씀하셨지만

2017. 6. 22.

새 동생   － 울 엄니 42

인사해라
새 동생이다

육구 년 정월 아침 눈 뜨니
하얀 배냇저고리 갓난아기
곤히 잠들어 어미젖 오물오물 빨고

파리하게 얼굴 부은 울 엄니
가리산지리산 헝클어진 머리칼
아기 어깨 다독이며 해쓱 웃으신다

아기 이쁘지?
니 여동생이란다

임신 출산 그 난해한 이치
당최 알 리 없어
머리는 어질어질

멀뚱한 눈빛으로
아기 형상 조심스레 살피니
얼마나 작고 예쁜지 신기하기만 하다

배고프지?
너도 같이 먹자

머리맡 양재기에서
놋그릇에 담아낸 쌀죽과 미역국

사랑까지 후르륵 들이켜니 맛나다

몇 달 전부터 모은 쌀자루 부대
다섯 차례 빨아 마련한 기저귀
아기 곁에 수북이 쌓여 있다

애기는
어디서 나와?

엄마 뱃속에서 나오지
이르시며
배 살살 쓰다듬는다

그러고 보니 배가 홀쭉하다
울 엄니 배 본디
그리 부른 줄 알았는데

배에서
어떻게 나와?

다리 밑에서
삼신할미가 꺼내 줘
어른 되면 저절로 알게 된다

알 듯 모를 듯
헷갈리면서도
호기심 가득 품고 넘겼다

모든 건 때가 있어
잘 모르겠거든 아직 때가 아니야

고교생 시절에야
생명탄생의 오묘함
배우고 깨쳐 알았지만

사람은 모름지기 때가 있고
그 때를 잘 분별해야 한다는 뜻은
마흔 살 넘기고 알아 차렸다

갓 여덟 살 꼬맹이 질문에
생물학 이치와 섭리 알려준들
그 가르침 어찌 이해나 했을까?

외려 당혹 충격에
상처 입고 뒤엉켜
심한 홍역 앓았을 지도 모를 일

아는 게 모르는 것보다 낫다 말하고
모자람보다 넘침이 훌륭하다 일컫지만
시의적절하지 못하면 아는 게 되레 병일 수 있음이라

일곱 살 소년의 때를 알아
울 엄니 일러주신 출생의 신비
아들에게 사는 일깨움 주신 슬기일 진저

다리 밑에서
삼신할미가 꺼내 줘
어른 되면 저절로 알게 된다

아들 장성해 딸 낳으니
울 엄니 말씀
그제야 새로이 들린다

엄마 두 다리 밑에서
하늘이 도와 낳는 게 출생이야
어른 되니 저절로 알게 됐지?

2017. 6. 28.

모르는 게 약   - 울 엄니 43

아버지 배 들어오나
같이 나가 볼까?

새벽 중보호 타고
아바이 명태바리 나가시면
오전 내내 집안 청소 마치신 울 엄니

석 달 된 갓난아기 업고
다섯 살 여동생 손목 아들에게 쥐이고
중천 햇살 아래 또박 걸어 부두로 가셨고

만선 기다리는 아낙들로
도넛 엿 호떡 찐빵 상인들로
판장은 담뿍 어수선산란했다

아기 좀 업어라
명태 베껴야 하니까

명태바리 통통배 접안하면
갓난아기 돌봄은 여덟 살 아들 몫
핑계 조건 이유 없이 아기 업고 놀다가

한 순간 등짝 뜨끈뜨끈하면
여동생과 더불어
기저귀 가느라 끙끙거렸고

울 엄니 던져주는 명태 두어 마리

도넛 바꿔 먹는 맛은
끔찍이 달콤하고 애살스러웠다

어쩜 이리 착하누
애가 애를 키우네 그랴

동네 어른들
머리 살살 쓰다듬었지만
무엇이 착한 것인지 도통 모르고

울 엄니 시키시매
내 힘겨움 모르매
돌봄 주저함 없고

해야 할 일로 여기매
체면 모르매
보살핌 거부 없었나

니 형수가 몰라서 한 일이었어
다시는 그런 수고 불가능할 게다

재수생 시절
새벽밥 도시락 챙겨준
큰형수 노고 향해

스물다섯 살
대학생에게

큰형 단호히 이르시며

몰라서 하는 일
그때 그랬고 지금도 그렇고
앞으로도 그러리라 일갈하셨다

아는 게 병
모르는 게 약이지

아들 머리 희끗거릴 무렵
아바이 엄니 게다가 큰형까지
모두 하늘로 떠나보낸 어느 날

울 엄니 말씀이
귓전으로 사르르 다가왔다

고생이 고생인 줄 몰라
여덟 살 배기가 아기 업어 키우고
형수가 시동생 재수 뒷바라지 한 것이라고

그리고 그렇게 모르고 행한
무이지 않는 수고와 노력이
주변 사람 고개 숙이게 하는 법이라고

2017. 6. 29.

채변봉투
— 울 엄니 44

장기에 붙어살면서
영양분 피를 빨아
구토 빈혈 유발하는

힌 마리가 하루 이십만 개 알을 까
숙주 밖으로 배설했다가
다시 끌어들여 눈치껏 사는

징그러움과 공포
혐오스러운 이 더부살이를
사람들은 기생충이라 불렀고

까마득한 칠공 년대
남녀노소 몸뚱이에
무람없이 드글거리니

국가는 궁색한 살림살이에도
학생들 구충제 먹여 가며
탈 없애려는 굳센 열의 보였다

담임 내미는 채변봉투
싫든 좋든
하나씩 엄연히 받아든 아이들

투명한 비닐 속봉투에
성냥개비로 변을 떠 담은 뒤
촛불로 녹여 봉투 입구 매끈히 봉하고

학년 반 번호 이름
깨알같이 적은
종이 겉봉투에 재차 넣어 제출했다

채변 수집하는 동안
담임은 내내
기생충 해로움과 위험성 외치고

꼬맹이들 진작부터 편법 능해
남의 변 대충 채워
몰래 제출하기 다반사였다

이거 먹고
거시 몇 마리 나왔는지 세알라 와

그로부터 한 달 뒤
구충제 한 보따리 들고 들어와
물주전자 컵 교탁에 올려놓고는

삼 학년 일 반 육십칠 명
차례로 호명하며
구충제 한 주먹씩 먹이셨다

적게는 굵직한 한두 마리
많게는 덩어리진 여남은 마리
제대로 확인했는지 알기나 할까마는

순하고 착한 꼬맹이들
꾸역꾸역 꼬챙이로 똥내 맡으며
허옇게 죽은 회충 마릿수 꼬박 헤아렸다

밤이면 항문으로 기어 나와
주변에 알 까고 죽는 요충은
절절한 가려움으로 어지간히 괴롭히고

긁었다가는 손톱에서 다시 입으로 들어가는
소름 끼치도록 끔찍한 기제(機制)에도
내막 모르는 아이들 뭉크러지지 않고 잘 살았다

채변 검사와 구충제 복용은
그나마 두두룩한 복리(福利)

석유 휘발유 마셨다가 터진 변고 비일비재

옆집 꼴뚜기네
회충 잡겠다고 석유 한 잔씩 먹였다가
강아지 다섯 마리 죽이고는 아주머니 펑펑 통곡했고

자활촌 살던 아바이 친구
회충 없애고자 휘발유 한 잔 마시고는
하혈에 버둥대다 저승길 가셨다

회충 잡겠다고
어떻게 석유 마실 생각을 하누

사고 소식 접한 울 엄니
가엾고 딱해
안타까운 탄식에 혀만 끌끌거리셨다

삼십 년 남짓 밭에 인분 뿌리지 않고
병충해 막으려 독한 농약 치느라
회충 요충 십이지장충 촌충 거의 사라졌으나

과다영양으로 비만 횡행하고
면역체계 붕괴로 알레르기 창궐하고야
기생충이 되레 건강에 도움 준다는 연구 비롯됐다

알까지 먹어가며 벌인 연구는

과잉 섭취 영양소 먹어 치우니
기생충이 비만 예방에 도움 준다 하고

기생충 꾸무럭거리면
면역계 적극 가동되면서
항체 면역세포 증강해 알레르기 줄어든다 한다

필요치 않은 건
세상에 하나도 없다

우주 탐사 능히 벌이고
인공지능 알파고 시대 도래해도
울 엄니 이르신 평범한 이치 단연 으뜸이라

세상 구할 듯 요란했던 항생제
건깅 빼앗고 질빙 야기하는 기생충
여름철 비바람 휘몰아쳐 목숨 앗아가는 태풍

당장 좋다고 끝내 좋을 리 없고
당장 나쁘다고 끝내 나쁠 리 없는
홍진비래 고진감래 아는 지혜 또한 으뜸이라

채변봉투여
기생충이여
평범하되 지당한 세상 이치여   2017. 7. 7.

쥐잡기 운동 　　　- 울 엄니 45

월요일 등교할 때
죽은 쥐 한 마리씩 가져와야 한다

국민학교 삼학 년
담임 난데없이 기괴한 제안
아이들 비명 요란하니
꼬리 잘라 와도 된다 이르신다

일 년간 쥐가 먹어 치우는 곡물 삼백 만 섬
전체 곡물의 십 프로를 쥐가 없애는 셈이지

수업 시간 담임
쥐 폐해 낱낱이 예시하셨다

쥐 한 쌍이 일 년에 천이백오십 마리로 늘어난다든지
쥐 개체수가 우리나라 인구 세 배가 넘는다든지
사람에게 각종 병균 옮긴다든지
칠공 년 시작된 쥐잡기 운동 동참 이유 강조하셨다

쥐꼬리 하나 잘라서
봉투에 챙겨 주거라

쥐꼬리 숙제
작은형에게 돕도록 하시니
열네 살 작은형
약 먹인 쥐 구하기 어렵다며

덫 놓아 잡아서는
구정물 양동이에 담가 질식사 시킨 뒤
꼬리 잘라 봉투 여러 겹으로 쌓아
가방 구석에 구역질나게 쑤셔 박아 주었다

차마 쥐꼬리 자를 수 없던 친구들
잔머리 날렵히 굴려
오징어 다리 끝부분 잘라 태우고
하수구 흙에 굴려 대신 내기도 하였다

숙제 들고 등교하는 날
거리는 가히 아수라장

짓궂은 악동들
통째로 잡은 쥐 얼굴에 들이대며 놀렸고
놀란 여학생들 자지러지며
털썩 주저앉아 울거나 비명 지르며 달아났다

쥐 숙제 안 해온 놈
모두 앞으로 나왓!

실적에 밀린 담임
회초리로 손바닥 두 대씩 휘갈기고는
이튿날까지 안 해 오면
열 대씩 맞을 각오하라고 으름장 놓았다

보기만 해도 징그러운 쥐꼬리 숙제
이후 나흘쯤 지나 완결됐으나
시간 흐를수록
냄새만 없애면 오징어 다리도 무사통과였다

이번 전국 쥐잡기운동에서
모두 사천만 마리 소탕했다

쥐꼬리 숙제 끝내고 두어 달 뒤
담임 머쓱한 표정으로 성과 알렸으나

그 중 몇 마리가 진짜 쥐꼬리였을까?
소년 오징어 다리 떠올리며 멍하니 웃었다

기자로 재직하던 구육 년 겨울
기소중지자 일제 검거기간 실적 따지자
이미 구속된 자 검거했다고
경찰이 컴퓨터 조작해 버젓이 보고하는 나라

일자리 창출 공약 냈다가
막상 정권 잡고 여의치 않으면
필요치도 않은 일자리에 노인들 내보내고
일자리 창출이라고 보란 듯 거짓말하는 나라

오십 년 전이나 지금이나
허위로 실적보고에 바쁜 자들

쥐잡기 운동 벌이듯
거짓말 조작 일삼는
정치인관료잡기 운동 벌이는 건 어떠하는지

2017. 7. 31.

매미

— 울 엄니 46

찌르륵 찌르륵
한여름 푹푹 찌는 공기 흔들며
숲에서 매미가 운다

칠 년 땅속 애벌레 생활
그러고는 단지 보름
시한부 생애를 사는 애처로움

그 새 번식 마쳐야 하니
사랑 찾는 수컷 울음
어찌 간절하지 않으리오만

더욱 가엾은 것은
울음소리조차 내지 못하고
새끼 까고 죽어 가는 암컷 삶

우렁찬 아비 구애 받아들여
자식 일곱 낳고
뺑소니 사고로 말없이 떠난 울 마미(mommy)

그때 무슨 말을 하고팠을까?
지금은 또 무슨 말을 하고프실까?

찌르륵찌르륵
해마다 여름이면
울 마미 음성 들으러 매미숲으로 들어간다

2017. 8. 5.

키 　　　　　　　　　– 울 엄니 47

가을 벼베기 끝나면
메뚜기 뛰노는 논 노닐며

한 톨 한 톨 이삭 주워
절구에 콩콩 찧어 내고는
울 엄니 정성스레 키 까불렀다

능란한 키질 수십 차례
오르락내리락 낟알이 널을 뛰면

쌀알은 쌀알대로
싸라기는 싸라기대로
모래알은 모래알대로

곡식 까부르거나
오줌싸개 머리에 씌우던 키

호기심 가득 찬 아들
울 엄니 키질이
사뭇 신기하고 재미졌다

울 엄니 살아 계실 적
잘 배워 둘 걸 그랬나 보다

요즘같이 삭막한 시절
어느 놈 옥석인지 모를 적
우긋한 키로 허공에 던져 살필 수 있도록 　　　2017. 9. 13.

비나이다 　　　　　－ 울 엄니 48

한여름 무더위
댓줄기로 들어붓는 억수

초가을 늦더위
세차게 쏟아지는 소나기

더위 식히는데
비만큼 한 시원한 건 없는데

행여 이런 건 아니었을까?
나 어릴 적 울 엄니
뒤울안 정화수 떠놓고 빌던 기도

비나이다
비나이다

무더위 식히는 비처럼
널리 베풀고 살라는 후련한 염원

2017. 9. 27.

향수병　　　　　　　－ 울 엄니 49

머리 좀 긁어 보렴
작은아버지 언제 오시나

해마다 음력 섣달 스무 날
해그림자 길게 드리우면
아바이 눈치 살피며
아들에게 울 엄니 이렇게 이르셨다

앞머리 긁으면
곧 오시겠다 하시고
뒷머리 긁으면
한참 뒤에나 오시겠다 하신다

작은 아바이 애타게 기다리는 눈치
누차 경험으로 알아차려
짐짓 앞머리 긁으며 천연덕스레 웃으면
금방 오시니 마중 나가보라고 보채셨다

얼마나 기다려야 좋을지 모를 시간
그믐달 뜨고 별빛 초롱거릴 즈음
허리춤에 정종 한 병 꿰차고
거나한 오십 줄 아바이 걸음은 허정허정

생신 축하드려요
불효자에게 무슨 소용인가?

반가움 삭이는 멋쩍은 인사

안방에 마련된 오래간만의 술자리
지난 수개월 가족 안부로
흐뭇하고 푸진 대화 물꼬를 트니

메뚜기 잡던 함흥 논두렁길
모친 처자 두고 떠나온 피란길
스무 해 넘도록 못 가는 신세
처량한 타령 듣느라 소년 귀 쫑긋 서고

취기 어린 젓가락 장단
두만강 푸른 물에 노 젓는 뱃사공
됫병들이 소주 두 병 비운 새벽 어름에야
아바이 형제 시름없이 풀썩 쓰러져 코를 골았다

생일 이튿날은 할아버지 기일
아바이 도진 향수병 술병에 몸져누우면
작은아버지 조카들 거두어 제사 주도하실 적
애달픈 울 엄니 건넌방 들락거리며 애태우셨다

저리도 간절한데
살아생전 갈 수나 있을까 모르겠다

제사 마치면
부스럭거리며 일어난 아바이
이웃 술꾼 두 명 불러
음식 나누며 이틀째 벌이는 단출한 술자리

그러고는 새벽 네 시
가지런히 추린 그물 싣고
언제 그런 일 있었냐는 듯
휑하니 명태바리 나서셨다

해 거듭할수록 깊어지는 향수
그렇게 술자리에서
일 년에 한 차례
통과의례로 풀어내다가

그로부터 미처 두 해 못 넘기고
수북한 향수병 술병
더부룩한 지병으로 번져
주검 묻히고 영혼만 함흥 가시었다

그로부터 반세기
소년 두 형마저 잇따라 영결하시니
아무리 머리 긁어도 오실 리 없지만
헛헛한 가슴 달래며 막내에게 짐짓 일러본다

머리 좀 긁어 보렴
큰아버지 언제 오시나

2017. 10. 22.

다리미
— 울 엄니 50

붉은 녹 거친 사포로
몇 날 며칠 어르고 달래고서야

우리 집 비집고 든
숯불 먹는 늙은 다리미

뭐하는 물건일까?
몹시 궁금한 열두 살 소년

가을 봄 두 차례
이부자리 풀 먹이는 날

널찍한 배 쓱쓱 문지르니
이불 구김 금시에 늘씬늘씬
신기하게 잘 펴지지?
너도 쭉쭉 펴고 살아야 한다

훗날 전기다리미 잘 익혀
교복 주름 날렵하게 다려 입었으나

화날 적 궁핍할 적
언뜻 오그라드는 서툰 가슴은

언제쯤 자유로이 다릴 수 있으려나
울 엄니 말씀 끊임없이 귓전을 맴도는데
신기하게 잘 펴지지?
너도 쭉쭉 펴고 살아야 한다

2017. 10. 25.

옥수수빵(1)　　　　- 울 엄니 51

국어 산수 사회 자연
국민학교 일 학년
네 과목 중간고사 치르고 며칠 뒤

담임 교실로 뛰어 들어오며
소년 이름 외치기에
손 번쩍 드니
담임 입에서 흥분이 쏟아진다

전교 일 등이야
세 과목 만점에 자연만 하나 틀렸어

아홉 살 입학 덕분의 호사
대수롭지 않게 멀뚱히 웃어넘기니
그날 이후
교실 열쇠 관리와 청소 지휘 책무 주어졌다

가장 먼저 등교해 교실 문 열고
청소 마치면 담임께 보고하는 일
날마다 되풀이 되는 번거로움마저 흐무뭇했다

청소하는 아이들에게 주는 옥수수빵
소사 아저씨에게 받아다 나눠 주면
굶주리던 아이들 허기로 쪽쪽 뜯고

청소 인원보다 더 받아오는
우수리 두어 개는

수고 대가로 소년 몫이었다

무슨 일이었을까?
소사 아저씨 하루는
옥수수빵 스물다섯 개나 내어 주며 싱긋

영문도 모르고 일단 휘리릭
아이들에게 하나씩 돌리고
나머지는 책가방에 꾸렸다

하굣길에 만난
허리 꼬부라진 할머니 몫으로
땟국 줄줄 흘리는 동네 친구 몫으로
두루 뿌리고 남은 세 개 동생들 먹였다

웬 빵이냐?
어디서 이렇게 많이 났어?

얼마 뒤 무더기 옥수수빵
재차 받아 왔더니
울 엄니 낯빛에 근심 어렸고

내막 들으시고도
불편한 심기 보이시어
아들 씩씩거리며 발끈했다

소사 아저씨가
나한테 준 거라고요!

돌발 반응에
멈칫하면서도
울 엄니 찬찬 차분하시다

그래 알았다
그래도 한 번 물어는 보거라

왠지 모를 억울함
치솟는 화딱지
덜컹거리는 부아

왜 이렇게
많이 주시는 거예요?

빵 타다가 도끼눈 치뜨고
따지듯 물으니
소사 아저씨 껄껄 하신다

너 공부 잘 한다며?
그래서 특별히 주는 거야

종잡을 수 없는 답변
울 엄니 전해 듣고는
잔잔한 어조로 담담히 이르신다

수고한 만큼만 받아야 해
조금 손해 본다 싶을 만큼

억울했다
친구들은 일주일에 한 번 청소
소년은 날마다 청소 감독

청소 잘못되면
소년 책임지고
꾸중은 아니더라도 지적 받고

게다가 소사 아저씨
공부 잘해서 준다는데
수고한 만큼만 받아야 한다니

충분히 수고하지 않았나?
옥수수빵 몇 개 보상
주어져야 마땅한 것 아닌가?

조목조목 따질 수 없는 나이였지만
어딘가 억울한 심사

그 후 소년 대학 다닐 적
과대표로 청계천 시장에
단체 티셔츠 제작하러 갔다가

뒷돈 오만 원 건네기에
무슨 돈인가 여쭈니
수고 대가로 그렇게들 한단다

티셔츠 가격 그만큼
더 할인 받았으나
뒷맛은 영 개운치 않았다

수고한 만큼만 받아야 해
조금 손해 본다 싶을 만큼

울 엄니 말뜻 새로이 다가왔다
대표 자리에 서는 자들을 향한
태도 이치 철학 머금은 말씀이셨으니까

대표로서의 자리는
그저 수고요
그저 봉사이거늘

권력이라 여겨 힘 남용하고
다양한 뒷거래로 부정축재하면
이는 틀림없는 도적질이니까

내가 잘 살아야 하고
자식 잘 먹여야 하고
부모 고생시키지 말아야 한다는

시작은 이렇게
가족 사랑이라는
비뚤어진 욕구에서 비롯되는 법

한일합방 초기 이 나라는
통역 담당한 자들이
선봉에 서서 나라를 팔아먹었다

말이 통하지 않으면
나라 빼앗으려고 해도
수십 수백 년이 걸려도 불가능하니

왜인들은 통역하던 자들을 향해
협조하면 너른 기와집에 대규모 농지 약속하고

거부하면 목숨을 내놓으라고 겁박했고

선택의 기로에서 이들은
자신 권력과
자기 가족 부를 따라 친일의 길로 접어들었다

여기에서 등장한 친일 고등계 형사
독립운동가에 총구 겨누고
행방 후 군사독재에 빌붙어 고문 암살 자행했다

세상인심은 지금도 일확천금 꿈꾸며
자신이 더 많이 일했다고
자신이 더 손해가 크다고

자기중심에 익숙해
노력보다 큰 대가 바라고
역지사지(易地思之) 모르고 살아가기 일쑤다

시간 흐를수록
울 엄니 가르침이
심금을 울리고 세상을 울린다

수고한 만큼만 받아야 해
조금 손해 본다 싶을 만큼

2017. 10. 26.

옥수수빵(2)

– 울 엄니 52

예나 지금이나
나이 어려서나 나이 들어서나
돌발 변화는 놀랍게 마련

청소하던 국민학생에게 하나씩 지급하던 옥수수빵
오 학년 이르니 사 먹도록 하고
도시락 못 싸오는 아이용은 달랑 두 개

우유에 고급스러운 빵
수월수월 사 먹는 친구 우리 반에 고작 여섯
나머진 부러움에 군침만 솔솔 흘렸다

물고기 낯짝 구경도 어려운 흉어기
빵 비닐봉지 터지리만치
옥수수빵 향한 아이들 눈빛 타올랐고

퀴즈대회 열어 일등 이등에게 지급하거나
사사로운 심부름 시키고 그 대가로 주거나
담임 기분에 뜻대로 휘두르니

가난 버거운 여남은 친구들
담임 기분 따라 휘뚤휘뚤
군침 꿀꺽 삼키느라 자존감은 휘청휘청

하루는 가만가만
소년 불러 내 벌이는 달콤한 제안
영랑호에 넘치는 민물새우 백 마리 잡아 오면 빵 주마 하신다

잴 틈도 없이 친구 교석이 불러
네 시간 동안 잡은 새우
차곡차곡 받들어 모시고 해질녘 받아든 딱딱한 옥수수빵

파래진 입술에 와들와들 떨며 먹고는
딸딸 체해 밤새 신열에 할퀴니
울 엄니 능란한 바늘로 손 따고 내 손은 약손 쓱싹쓱싹

뭘 먹은 거야?
옷은 왜 이렇게 젖었고?

저릿한 아픔 비몽사몽 몽롱 혼미
밤새 귓가에 응응거렸어도
낚시용 미끼 잡았다는 말 함구하고 나지막이 웅얼거렸다

옥수수빵
진짜 맛있었어요

언제부턴가 배부른 세상
아무리 맛있는 빵 넘쳐나도
그 시절 옥수수빵에 못 미치는 건 무슨 연유일까?

다시 맛볼 수 있을까?
다시 느낄 수 있을까?

옥수수빵
진짜 맛있었어요

2017. 11. 2.

찌게 그리고 안주일절 　　　- 울 엄니 53

김치찌게
된장찌게
안주일절

칠공 년대 흔하디흔하던 문구
포장마차 주황빛 거죽에
대중식당 희멀건 유리창에
붉은 페인트로 휘갈긴 식단

찌게는 옳지 않으니
찌개로 써야 한다고
일절은 뒤에 부정어가 오니
안주일체로 써야 한다고

국민학생부터
중고등학생 거쳐
대학생에 이르기까지
수없이 겨누어 가르쳤어도

찌게 대신 찌개가
안주일절 대신 안주일체가
대세로 자리 잡은 건
무려 사십 년 남짓한 근간 형세

어떻게 쓰는지 몰라서
뜻만 통하면 된다는 고집으로
남들이 모두 그리 쓴다는 핑계로

김치찌게 된장찌게 안주일절로 앙버틴 시간

수두룩한 지난 날
찌게면 어떠하고 안주일절이면 어떠했으리
맛만 좋으면 그만이었던 것을
장사만 잘 되면 그만이었던 것을

물도 차야 넘치고
달도 차야 기우는 번듯한 이치
고교시절 울 엄니 목소리
하루 종일 귓속에서 웅웅거린다

하루아침에 바뀌는 게
세상 어디에 있다더냐?

2017. 11. 2.

16절지   － 울 엄니 54

칠공팔공 시절
가장 흔한 갱지

거칠고 투박해도
값싸고 편안해
신문지 시험지로 널리 쓰던 종이

가로 788밀리미터 세로 1090밀리미터
이를 이른바 46전지라 이르고
반으로 자르면 신문지 다 펼친 크기 2절지

이걸 반씩 접을 때마다
숫자는 갑절로 늘어
4절지 8절지 16절지 32절지

32절지 치수 책은 46판
16절지 치수 책은 46배판
8절지 치수 책은 타블로이드판이라 칭했다

칠공팔공 시절
가장 허다한 갱지

만만히 쓰이는 크기는
얼추 8절지 16절지
문구사 들러 십 원 어치씩 사서는

철끈으로 매끈히 묶어
애지중지 아껴 쓰며
그림도 그리고 산수도 풀다가

다 쓰고 나면
비행기 딱지 휴지로
서슴없이 날렵한 둔갑

어린이 날이면
길신문구사 하는 우진 엄마 덕에
같은 반 아이들 종이 담뿍 풍요로웠다

천지현황(天地玄黃)에서 언재호야(焉哉乎也)까지
육 학년 아들 한석봉 천자문 익힐 적
끊을절(切) 보고 종이지(紙) 들어

절지 뜻 절로 깨치니
기특하다 여기시며
울 엄니 주문하시는 말씀

16절지 하고 공책 하고
크기 한 번 재 보렴

호기심에 겹쳐 보니
한 치 오차조차 없어
어떻게 아셨는가 하니

전지 짜투리 안 남기려면
16절로 잘라 공책 만들어야지
쪼개 봐야 콩인 줄 아는 것이더냐?

언제부턴가 절지 대신
절반 자르면 가로 세로 비율 같다는
독일 표준 사이즈 A0 A1 A2 A3 A4 A5로 바뀌었고

편지봉투 공책 책 복사기도
거기에 맞춰
차례로 등장하면서

요즘 꼬맹이들에게
16절지 8절지는
까마득한 옛 이야기로 시들었다

소년 늙다리 되어 가도
머리 심장은 비행기 딱지 접던
종이 이야기로 떠들썩하기만 한데

16절지와 공책 크기
대충 듣고 간파하신
울 엄니 슬기 향기롭기만 한데

2017. 11. 5.

청양고추　　　　− 울 엄니 55

꼬맹이 적부터
식단에 빠지지 않던

지금도 찬 헐거우면 수시로 찾고
내지 않는 식당엔 아예 발길 끊는 애호가

인터넷은 지껄인다
사과보다 열여덟 배 많은 비타민C 함유
풍부한 캡사이신이
기초대사율 높여 다이어트에 좋다고

어제는 고깃집에서
여남은 개 거침없이 먹다가
참 매운 사람인가 보다 소리 들어

내 고추 맵지 못해
청양고추 즐겨 먹는 것이라고
진한 우스갯소리로 들큼 넘겼지만

고추는 매워야 제 맛이지!

울 엄니 이 말씀이야말로
청양고추 솔깃이 찾는 진짜 이유다

누구든 제 맛 내고
살아야 한다는
거법고 은근한 이치의 포고(布告)

그렇다
산은 산이어야 하고
물은 물이어야 한다

2017. 11. 9.

야매 이발소 　　　　- 울 엄니 56

칠공 년대 초반은
미용실 드나드는 사내 없어
머리 깎는 이발소 호황 누렸고

암행어사 별명 동창 문수는
네 형제가 이발사로 맹활약
굶주림에서 거뜬해 부러움 샀다

중학교 입학 후
머리칼 박박 밀면서
후련히 사라지긴 했어도

왜 그리도
이는 스멀거리고
서캐는 눈치 없이 번들거렸던지

왜 그토록
기계충 마른버짐 창궐해
하루하루 대책 없이 괴롭혔던지

배기구에 설치하는 팬(fan)을 후앙
달리기 시작할 때 쓰는 요이통을 요이땅
일제강점기 일본어 허투루 쓰듯

야매도 근거 모호는 마찬가지
아마도 어둠 뜻하는
야미(暗)의 오판 즈음으로 볼 만한데

속초 일구 이구 경계
등대 산자락 서낭당 아래
허름한 야매 이발소 꿈트럭거렸다

머리 감겨 주지도 않고
면도사 아가씨도 없고
이발비는 절반 수준 오십 원

야매인 까닭 모르는 소년
불편 없이 즐겨 찾아
상고머리 매끈히 각 세웠다

마흔 중반 생머리
야매 이발소 아저씨
간첩이라느니 수배자라느니

갖은 풍설에도
아는지 모르는지 말없이
머리칼 단정히 잘라 주었다

늦가을 바람 몹시 불던 날
이발 끝낸 아저씨
냄새 고약한 액체 머리칼에 뿌려

눈 깜짝 휘둥그레지니
입술에 검지 세워
아무 말하지 말라 하시고는

냄새 심해도
저녁때까진 참아라

왠지 모를 위압감에
시큼털털한 노린내
코 찔러도 견뎌야 했다

머리 감자
이젠 가렵지 않지?

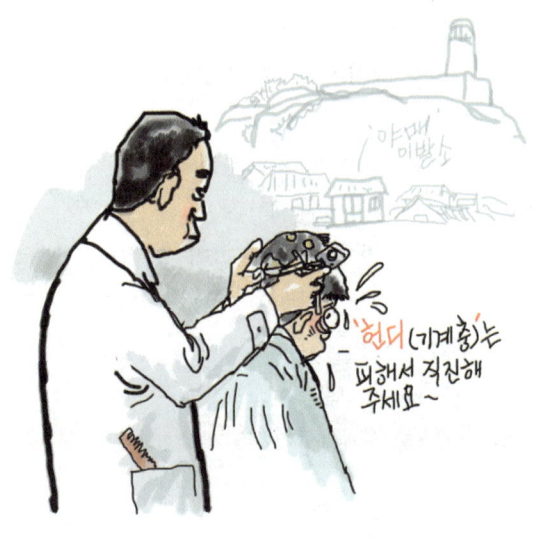

해질 무렵 울 엄니
영문 모르는 아들
말끔히 씻기며 웃었다

야매 이발소 아저씨
이후로도 몇 차례
이것저것 머리에 바르고 뿌렸고

언제부턴가
머리 가려움증
기계충 버짐 모두 사라졌다

그 집 아이 경기 났을 때
엄마가 침으로 여러 번 살렸지

훗날 들었다
가난 속 자식 키우던

야매 이발소 | 201

울 엄니 솜씨 나눔의 지혜를

중학생 되고
학교에서 바리캉 쓰면서
갈 일 없어진 야매 이발소

반세기 가까이 지나도록
가본 적 없지만
아마도 잘 살고 있으리라

요즘 사람들
야매로 돈 벌고
야매로 세 과시하지만

정성 나누신
야매 이발소 아저씨
그 갸륵 거룩 생애만큼은

야매 아닌 모습으로
위풍당당(威風堂堂)
틀림없이 잘 살고 있으리라

2017. 11. 24.

사기축구 － 울 엄니 57

찼다 찼다 차범근
달려라 달려라
떴다 떴다 김재한 헤딩슛 골인

칠공 년대 초반
꼬맹이들 사이 유행했던
떴다 떴다 비행기 개사한 노래

허정무 조영증 황재만 조영득 김호곤 변영주
당시 출중한 국가대표 축구 영웅들
그 중에도 차범근 슈팅과 김재한 헤더 가장 멋졌다

제 십 회 독일월드컵 최종예선 이 차전
김재한 선제골 고재욱 추가골로 다 잡은 듯한 경기
이 대 이로 비기고 벌어진 홍콩 삼 차전 패배로
월드컵 본선 진출 미뤄졌지만 꼬맹이들 열기는 후끈후끈

꼬맹이 둘 땅바닥에
가마니 한 장 크기 축구장 그리고
누가 처음 시작했는지도 모르는 모의 축구 벌였다

대못 꽂아 골대 세우고
깨진 장독 동그랗게 열 개 다듬어
선수로 배치하고 유리구슬 하나 공 삼아

가위 바위 보로
공 소유 골문 위치 정하고

선수로 구슬 퉁겨 골 넣는 놀이

공격할 때 선수 서넛
상대편 진영에 던져두고
구슬이 상대 선수 맞고 나가면 드로잉

모호한 규칙에
정해 둔 시간도 없이
절묘한 절충 절절한 놀이

깨진 장독 선수 등판에
달력 숫자 오려 밥풀로 붙이고
또래 친구들과 손으로 펼치는 미니 월드컵

나랑 한 판 할래?
노는 양 지켜보던
길 가던 어느 중학생 제안

의기양양한 소년
거뜬히 응했고
중학생과 중원의 결전 시작했다

그러나 아뿔싸!
선수 원하는 곳에 던져놓는
흐리터분한 경기규칙이 말썽

소년 공격에 한 골 먹더니

우리 선수 접근 못 하도록
황당한 변칙으로 괴롭히길

선수 아홉으로 공 주변 똘똘 에워싸고
그 안에서만 진격하는 중학생
해괴함에 분개한 소년 우렁찬 소리

이런 게 어딨어?
어딨긴 여기 있지
이글거리는 분노 키들거리는 중학생

에이씨 안 해
한 골 먹고 버럭 고함치니
우리 선수 네댓 들깨 밭으로 던져 버린다

뭐야 내놔
내 것 찾아내라고!
눈에 쌍심지 켜고 달려들어 메다꽂았다

머리통 하나는 더 큰 중학생
씨름 선수이기는 하나
어찌 쓰러뜨렸는지 가상한 용기

엎치락뒤치락
흙먼지 뽀얗게 일 즈음
돌연 귓전을 후리는 소리

이 놈들 뭐하는 거야?
이웃 망태 할아범 등장
빙 둘러선 동네 아이들 모조리 해체

나쁜 놈!
씩씩거리며 귀가는 했지만
던적스러운 태도 향한 분노 도저히 가시지 않았다

사기그릇이나 깨진 항아리 다듬어
선수 삼는 축구 경기라고
사기축구라고 불리던 놀이

중학생 사기축구에
농락당한 소년
그날 이후 사기축구 접었다

얼마 뒤 깨진 장독 내밀던 울 엄니
사기축구 안 하는 연유 들으시고
어깨 다독이시며 도렷이 말씀하셨다

못된 놈이 사기축구로 사기를 쳤구만
장차 알겠지만
세상엔 그런 사기꾼 넘쳐난단다

언제부턴가 절충 양보 인정 대신
법 잣대로 소송 싸움 판치는
너저분한 세상 되어 버렸으니

규칙 느슨해도
사기축구로 어울리던
친구들 냄새가 한없이 그리울 수밖에

우리 언제 만나
사기축구 한 판 벌여들 볼까나?
중학생 같은 새끼는 빼고

2017. 12. 1.

눈 거 차 아래 　　－ 울 엄니 58

종간나 새끼들
즈냑 시간에 머이하고 있지비
날래 집에 드가라우

날 어둑하도록 목자놀이에 빠져
시간 가는 줄 모르다 보면

성난 망태 할아범 질펀한 욕지거리
대수롭게 듣게 마련

달음박질로 귀가하던 아이들 표정
흉어기만 아니라면 해맑았다

땅바닥에 못꽂으로
큼직 기다란 네모 칸 그리고

칸을 갈라
씨줄 세 줄 날줄 일곱 줄
가로 두 칸 세로 여섯 칸

가위 바위 보로 선을 잡아
납작한 돌멩이 깨금발로 칸칸이 차는 놀이

시계 반대 방향으로 열두 칸 방 번호 매기고
팔 번 칸에서 목자 발로 차

구 번 눈(眼) 칸에 들어가면
눈 감은 채
돌아온 길 금 밟지 않고 걸어 나오기

십 번 거(擧) 칸에 들어가면
목자 집어 들고
외발 두발 외발로 걸어 나오기

십일 번 차(車) 칸에 멈추면
앙감질로 한 칸씩 발로 차서
열 한 칸 되돌아 나오기

십이 번 아래(端) 칸에 멈추면
바로 옆 일 번 칸으로 갔다가
처음 자리로 차서 나오기

눈 성공하면 한 칸
거 성공하면 두 칸
차 성공하면 세 칸
아래 성공하면 네 칸

건너뛰며 노는
이름하여 눈 거 차 아래 목자놀이

건너 뛴 칸에 목자 던지며
십육 번 칸까지 먼저 나는 사람이 승자

휴대폰 게임기 들여다보는 요즈막 아이들과 달리
놀잇감 없으니 만만한 게 땅바닥

깽깽이로 중심 잡으며 발로 목자 차다 보면
이마엔 금세 땀방울 송골송골

기분도 좋고
건강도 좋고
사이도 좋았다

육 학년 봄 땟거리 구하기 어려워
울 엄니 신음 끙끙 흘리던 나른한 날

자식들 먹일 이튿날 조반 위해
멀쩡한 그물 고물상에 넘기고 보리쌀 메고 귀가하다가

마당에서 목자놀이하던
아들 쏘아보는 심상치 않은 아바이 눈빛

천자문 다 뗐어?

겨우내 조르고 졸라
없는 돈에 간신히 동아서점에서 산 한석봉 천자문

가을추 거둘수 겨울동 감출장
독학 진도 빠를 턱이 없어 심드렁한 대꾸

아니
아직 멀었어요

몽둥이로 흠씬 맞았다
억울한 매질 이유도 모르고 맞았다

아들 이름조차 한자로 쓰지 못하는
무식한 아바이 한풀이였는지

자식들 뜻대로 맘껏 먹이지 못하는
무능한 아바이 자책이었는지

그날 밤 벌어진 사건 두고
울 엄니 안티프라민 발라 주시며 이르셨다

소나기는 피하는 거란다
화딱지 나면 옳고 그름은 뒷전이야

아바이 세상 뜨고
스물 넘어서야 아바이 설움 가늠할 수 있었다

칠이 년 남북공동성명으로
한껏 부풀었던 귀향 기대감

흐지부지 무너져 내린 절망 좌절
여기에 가중된 도리 없는 가족의 궁핍

종로에서 뺨맞고 한강에서 화풀이한다고
좌절과 궁핍은 종로요 목자놀이 하던 아들은 한강이었다

자식을 제 소유물 즈음으로 여기던 시절
울 아바이라고 별 수 있었으랴만

울 엄니 말마따나
소나기는 그저 피하는 게 상책

긴 세월 흘러 부모 형제 친구
하나 둘 차례로 세상 뜨는데

더 늦기 전 푸지게 어울려
오랜 회한 풀어내며 눈 거 차 아래 한 판 벌여 봐야겠다

울 아바이 뿌리는 거센 소나기
한 번 굳세게 맞을 각오로

2017. 22. 9.

땅 따먹기 　　　　　- 울 엄니 59

꼬맹이 서넛 나란히 모여
땅바닥에 못꽂으로 자기 키 만 한 지름 원 그리고

원 안쪽 선에 덧대
각자 한 뼘 크기 반원 그려 자기 집으로 삼고

왼손에 줄긋는 못 하나 오른 손에 퉁기는 말 하나
말은 아바이 엄지 손톱 크기 납작 돌

가위 바위 보로 순번 정하고 손톱으로 말 세 번 퉁격
집 떠났다 온 궤적 선 그으면 안 쪽이 내 땅

이어 한 뼘 재고 선 그으면
연결되는 안 쪽이 다시 내 땅

세 번째 퉁긴 말이
집에 고이 돌아오지 못하거나 남의 땅에 들어가면 죽고

누군가 하나
남의 땅 다 따먹으면 마침내 끝나는 땅따먹기

눅눅한 땅바닥에 줄그으며
다사로운 오뉴월 꼬맹이들 나무 아래 놀이 푸졌고

땅 따먹기 실력 준수했던 소년
어지간한 동네 땅 다 따 먹고 놀았다

그렇게 쉽게
제 땅 만들 수 있으면 얼마나 좋겠니?

땅따먹기 매료돼 먼지투성이 귀가하는
아들 향해 울 엄니 이렇게 말씀하곤 하셨는데

도대체 신통치 않은 땅 인연 탓인지
한 평 가지기는커녕 평생 곁눈질도 못하고 살았으니

사십 년 흐른 시간 잠잠히 돌이키면
소년에게 땅은 그저 땅따먹기 즐기던 놀이터가 전부였다

제 것이라고 죽도록 긁어모아도
끝내 한 조각 가져갈 수 없는 자명한 이치로 허투루 욕심내지 않고

그래서 언제나 남의 일처럼
물끄러미 바라보며 넉넉히 웃을 수 있었다

그리고 땅 따먹기 놀이만큼은
소년 적어도 내 땅 호령한 진정한 지배자였다

땅따먹기 놀이마저
옹송옹송한 추억 저편으로 모조리 빼앗기고 말았지만

2017. 12. 15.

쌈치기 　　　　－ 울 엄니 60

칠공 년대
쌈치기만큼
흥행한 놀이는 없었으리라

놀이를 뛰어 넘어
가벼이 가미된 도박이
울컥 흥분 자아낸 탓이리라

골목 으슥한 곳이나
담벼락 아래
혹은 골방에 도래도래 모여

꼬맹이는 구슬로
중고생은 동전으로 쌈치기 즐겼다
구슬로만 벌이면 쌈치기 동전이면 짤짤이

동전 감싸고
양손 흔들 때 나는
짤랑거리는 소리 때문에 붙은 이름이리라

구멍가게에서
유리구슬 몇 개 사서
친구들과 어울려 구슬치기하다가

자칫 쌈치기에 유혹되면
고수 만나 탈탈 털리고

머쓱히 물러나야 한다

옮킨 구슬 수 3으로 나누어
나머지가 1이면 어찌 2이면 니
나누어 0으로 떨어지면 쌈

일제강점기부터 유행한 탓에
이치(一) 니(二) 산(三)이
어찌 니 쌈으로 와전됐으리

접어!

다 털린 꼬맹이
어디선가 구슬 더 구해 와
다부지게 도전장 내미는 소리다

덤벼 보란 듯
양 손에 구슬 앙구고
여러 차례 흔들다가 한 손 내밀면

구슬 몇 개 걸고
눈치 살피다 소리친다
걸 수 있는 건 총 여섯 항목

어찌 니 어찌
어찌 쌈 어찌
니 어찌 니

니 쌈 니
쌈 어찌 쌈
쌈 니 쌈

반복 거론한 수 나오면 승리
한 번 거론한 수 나오면 무승부
거론하지 않은 수 나오면 패배

숱한 반복 끝에
승패 갈리면
성취감 허탈감이 교묘히 엇갈린다

중학교 이 학년 소년
교실에서 오백 원 들고
어느 초겨울 짤짤이 붙었다

깨지게 마련이건만
호기심에 끌려
벌인 이상한 조짐

연전연승
세 친구 동전
싹쓸이하니 무려 이천 원

그때 군침 흘리는
질퍽한 짤짤이꾼

오천 원 들고 붙자 하고
구경꾼 친구들
오천 원 모조리 따먹는
재수 대통에 탄성 뱉었다

끝난 줄 알고 의기양양하던 차에
점심시간 짤짤이꾼
이만 오천 원 들고 나타나 큰소리

접어!

교납금 내려는 돈
누군가로부터
빌려온 모양새

접으니
오천 원씩
두 손에 나눠 들고 외친다

어찌 니
쌈을 쥐었으면
만 원 들어오고
어찌나 니이면 오천 원 나가는 도박

다음 판에도 어찌 니
그 다음 판도 어찌 니

이길 확률은 매판 삼분의 일
결국엔
확률 게임에서 패해
여남은 판 만에 백기 들고 말았다

동전 세 개로
끝까지 쌈 쥐었더라면
세 판이면 다 딸 수 있었는데…

도박만큼 미련 남는 게 또 있을까?
엎질러진 물을 두고
종일 냉가슴만 끙끙 앓았다

돈 한 푼 없을 텐데
무엇으로 돈 따먹기를 한 거냐?

하교 후 곧바로 귀가했더니
울 엄니 손을 내라 하시고는
쿵쿵 냄새 맡더니 이리 이르신다

손에서는 동전 녹내가 진동
뜨끔하면서도 알 수 없는 울 엄니
훗날 기억해 그 뜻 여쭈니 이렇게 말씀하신다

니 아버지도 가끔 담배내기 화투놀이 했는데
그런 날은 눈빛이 달랐지

나이 먹고도 도박 눈빛 모르면 헛 산 거다

눈이 어쨌다는 것인가?
이상한 눈빛
제대로 알아챈 건 큰아들 중학생 때였다

아비 몰래 담배 물고
학교 학원 땡땡이 칠 적
기이하리만치 번들거리던 눈빛

아이들이야
도박도 하고
술 담배도 하면서 크게 마련이고

또 그리 자란다고
문제 될 게 무에 있을까마는
지금도 반짝이던 눈빛 잊을 수가 없다

돈 따먹기 하지 마라
우리 집안은 그런 것하고 안 맞아

고스톱 포커 훌라
직장 생활하면서 몇 차례 어울려 보았지만
울 엄니 말마따나 한 번도 제대로 따본 적 없다

땄을 때 미안한 생각 들고

그러면 어느새 돈이 바닥 드러냈고
빈털터리로 귀가하는 순간은 후회막급이었다

도박 그다지 즐기지도 않았지만
부득이 해야 한다면
처음부터 얼마 잃어야지 마음먹으면 편안했다

돈벌이도 마찬가지이지만
도박은 지면 끝이라는
치열한 전투의식으로 임해야 한다

돈 두고 치열하게 살면
정겨운 사람 냄새보다
동전 녹내 같은 역겨운 냄새 진동하게 마련

어쩌면 울 엄니
이런 집안 기운 때문에
더 고생하고 사셨는지도 모를 일이지만

하루하루 시간 흐를 때마다
가슴 넉넉하고 풍요로운 사람으로
그렇게 살아갈 수 있음이 더없이 고마울 따름이다

팍팍하긴 해도 돈벌이 대신
사람 맛 느끼고
글 멋 향유하고 사니 말이다   2017. 12. 16.

우리 집에 왜 왔니   - 울 엄니 61

동네 꼬맹이 간나들 공터에 모여
일제히 입을 모아 외치며 손을 내민다

데엔치 덴치 덴치(天地)

손등 내민 간나끼리 편을 먹고
손바닥 내민 간나끼리 편을 짜고
같은 편끼리 팔짱 끼고 마주 서면
양 편 대표가 나서서 가위 바위 보

우리 집에 왜 왔니 왜 왔니 왜 왔니

먼저 노래와 함께
이긴 편이 배 내밀며 힘차게 전진하고
진 편은 박자 맞춰가며 뒤로 물러난다

꽃 찾으러 왔단다 왔단다 왔단다

이번에는 노래 부르며
진 편이 배 내밀며 나아가고
이긴 편이 박자에 맞춰 뒤로 물러선다

앞으로 나아가거나
뒤로 물러설 때는
오른 발 왼 발 교대로 깨금발 짚고

아이들 노랫소리는 동네에 쩌렁쩌렁

무슨 꽃을 찾으러 왔느냐 왔느냐
춘자 꽃을 찾으러 왔단다 왔단다

진 편에서 상대편 간나 이름 부르면
호명한 간나와 호명된 간나
가위 바위 보
진 간나는 상대편 소속이 된다

애들 노나 보다
니들도 나가 봐라

울 엄니 말에
여동생 셋 합세하면
간나들 목청은 한층 커지고
땀범벅에 맞이하는 저녁은 그야말로 꿀맛

왕따도 없고
나이 차도 없고
놀이 기구도 없이
손만 잡으면 어울리는 놀이

마음에 드는 간나 이름 부르면
이기거나 지거나 한 편 되고
가장 마지막까지 남아도

끝내 한 편 되어 끝나는 동화(同化)의 미학

네 편이 내 편도 되고
내 편이 네 편도 되는
네 편 내 편 따로 있으나
네 편 내 편 따로 없는 화동(和同)의 이치

잘 어울려
사이좋게 놀아야 한다

간나들 어울려 놀라치면
뛰어나가는 동생들 향해
울 엄니 이렇게 외치곤 하셨다

친구끼리 싸움질할 적
법창야화 라디오 들을 적
이소룡 왕우 영화 볼 적
그때마다 떠올랐던 울 엄니 말씀

살아서는 물론이요
죽어서도 한 편 되지 못하는
어려운 세상살이 보아 갈수록
그때마다 도렷하던 울 엄니 말씀

잘 어울려
사이좋게 살았는지
사이좋게 살고 있는지

자문할 때마다 떠오르던 울 엄니 말씀
잘 어울려
사이좋게 놀아야 한다

2017. 12. 19.

믿음　　　　　　　- 울 엄니 62

칠칠 년 한글날 새벽
아바이 끝내 귀향 못하고
회한 품은 땅에서 쉰아홉에 죽음 맞았다

폐결핵에 늑막염 합병증
끼니마다 약 한 주먹
병치레 일 년 만에 멎은 숨

두려움에
살며시 더듬으니
아바이 손끝 싸늘했다

스물세 살 맏형에서
일곱 살 여동생까지
슬하 자식들 치렁치렁

슬픔에 겨워 흐느낄 적
여섯 남매 울 엄니 부름 받고
아바이 주검 주위에 줄지어 모이니

비장한 표정
지엄한 어조
한마디 하신다

믿음이 갈리면
누구든 등 돌리는 법이다

그 시절 여느 뱃사람처럼
아바이 서낭신 섬겼고
울 엄니 묵묵히 그 뜻 좇아

매년 정월
지방 태워 올리며
가족 무탈 기원하시고

해마다 봄
울산바위 아래 산기도
남편 자식 안녕 밤새 합장하셨다

맏이 따라 엄마가 교회로 갈까?
아니면 너희가 아바이 하던 대로 하겠니?
냉수 떠 놓고 올리는 치성(致誠)마저
미신으로 치부되던 시절
육 남매 선뜻 교회 지지하니

사십구재 마친 주일
아들과 세 동생 이끌고
울 엄니 교회로 자진(自進)하시고

그로부터 시작된
냉수 목욕 새벽기도 정성
삼 년 간 하루 거르지 않고 뜨거우셨다

아바이 표정이 밝더구나
아마도 좋은 곳 가신 모양이다

그물 손질로 자식들 챙기며
거무룩하게 그을린
울 엄니 얼굴 화사한 생기 돌고

구원인지 기복인지 모를
찬양과 기도 덕에
아들도 너끈 견디었다

뜨겁게 기도하던 울 엄니
그로부터 십육 년
뺑소니차에 치여 불귀의 길

형태조차 가늠 못할
참혹한 얼굴
울 엄니 손 꼬옥 움키니

따사롭던 손길은
갈피없이 싸늘히
가슴 후비고

냉랭한
아바이 손끝마저
짜르르 뇌리에서 튀쳐나왔다

아아
죽음은 이토록
사람을 시리게 만드는데

아아
차가움은 이토록
사람을 맥없이 죽이는데

우린 왜 건듯건듯

좀 더 따뜻이 살지 못하고
겨울바람같이 냉랭하게 사는 것일까?

스스로를 향한 믿음
세상을 향한 믿음
하늘을 향한 믿음
울 엄니 말마따나
믿음이 갈려
우리가 등 돌린 탓이리라

따사로워야 할 인생살이
믿음이 갈려
우리가 등 돌린 탓이리라

믿음이 갈리면
누구든
등 돌리는 법이거늘

2018. 1. 11.

몸뻬   – 울 엄니 63

당기면 두어 배로 늘어나는
가느다란 허리 고무줄
가랑이 풍덩하고
발목 개미허리처럼 잘록한

입기 쉽고
벗기 만만하고
앉아도 편하고
누워도 무방한 몸뻬

저고리에도 도쿠리에도
고무신에도 털신에도
적절히 어우러지는
조화의 매개

농삿일하는 아주마이들
뱃일 돕는 아주마이들
가리지 않고 걸쳐 입은
펑퍼짐하고 헙수룩한 몸뻬

이까바리 경심 고를 때
명태바리 그물 추릴 때
김장 담그거나 손빨래 할 때
늘 함께하던 아주마이들의 친구

강점기 왜놈 잔재이지만

뾰족구두 신을 일 없고
한복조차 사치스러울 때
서러운 세월 굳건히 지켜준 몸뻬

국민학생 아들
기이하게 바라본 것은
바지 겉감 안쪽에
홑겹으로 붙여 만든 속주머니

지갑 하나 변변치 않고
있어 본 들 일하느라
휴대하기 난망하던 시절
무엇이건 넣어두기 손쉬운 곳이었으리

아랫배 깊숙한 속주머니
지폐 동전 넣고
쪼그려 일하노라면
언제든지 감지할 수 있는 곳

꼬맹이 주전부리 하라고
동전 꺼내주기 용이하고
행여 빠져 나가더라도
발목에 걸려 분실 예방하는 묘책

곁에 누가 있건 말건
속주머니 들락거리는

아주마이들 분주한 손짓
소년 시선 거기에도 머물렀다

저잣거리에서 젖 물리고도
창피 모르는 새댁처럼
아주마이들 허리춤에 손 넣어도
누구도 어색한 눈길 보내지 않았으나

훗날 딸 둘 낳고
그 시절 기억 떠올리는
아들 향해
울 엄니 수더분하게 이르셨다

아무리 굶주려도
함부로 할 건 아니다

먹고 사는 일 처절하니
당장 체면 차릴 겨를 없고
자식 서너 명 낳으니
부끄러움 잊고 살던 아낙들

하지만 울 엄니
전쟁 후유증으로
울 아바이 만나
남매 수두룩 낳았어도

반드시 상대 등지고
돌아선 뒤에야
몸뻬 속주머니에 손 넣으시는
사뭇 단아(端雅)함 보이고 사셨다

몸은 나이 들수록
더 챙겨야 하는 법이다

평생 없이 살았어도
울 엄니 연세 들수록
얼굴에 웃음 흐르고
옷맵시에 여유 넘치셨다

하찮은 몸뻬 입을지라도
속옷 걸레 삼을 만큼 구멍 날지라도
꼼꼼히 깁고
깨끗이 빨아 입으셨다

수십 년 세월 거슬러
몸뻬를 보고 나를 살핀다

누구든 거부하지 않고
조화로이 받아들여
더불어 가치 발현하는
몸뻬의 아름다운 가치를…

굶주려도
하지 말아야 할 것의 호된 분별과
나이 들어
몸 챙겨야 함의 애중한 가치를…

평범함 속에서
수월성 드높이는 두툼한 지혜와
초라함 속에서
눈부시게 사는 발랄한 안목을…

2018. 1. 14.

아주 특별한 아이   - 울 엄니 64

안방에서 돋보기 좀 내 오렴

부둣가 향해
집 나서며
서둘러 이르시는 울 엄니

꼼꼼히 훑어도
눈에 띄지 않는 돋보기
바깥 향해 소리칩니다

없어요

잘 찾아보라는
재차 고함에
대답 불퉁스럽습니다

없다니까

울 엄니 급기야
몸소 안방에 들어와
돋보기 찾아내고는 눈 흘깁니다

제대로 찾아보지도 않고 없다지?

신기할 노릇
내가 뒤질 땐 없어도

울 엄니만 나서면 나오니 말입니다

서랍에서 잉크 좀 꺼내 올래?

수십 년 뒤
아들에게
같은 일 되풀이하는데

얼렁뚱땅 찾아본
울 아들 대꾸
지체도 거침도 없습니다

없는데

분명 있으니
잘 찾아보라고 해도
돌아오는 답변 퉁명합니다

없다니까

직접 나서서
뒤져 찾아내고는
비웃듯 빈정거립니다

무조건 없다지?

신기해하는 아들
아비만 나서면 열에 아홉
원하는 것 꺼내니 말입니다

그 시절 아들 멋쩍어 하듯
울 아들 겸연쩍은 웃음
어색하긴 매한가지이지만

삽시 헤아려 보면
쑥스러워 해야 할 이는
애먼 자식 아니라 부모입니다

아이는 이미
충분히 특별해
모자람 전연 없으니까요
우리 그러했듯
가능성 있는 아이로
무럭무럭 자라고 있으니까요

고스란히 두면 아이는
스스로 꽃피고
여물어 가게 마련이니까요

소년 어느새
쉰 중반 언저리
초겨울바람이 매섭습니다

세상 뜨기 몇 해 전
훌쩍 자란 아들에게 하신
울 엄니 말씀 떠올려 봅니다

돋보기 좀 주겠니?
이젠 내가 못 찾겠구나

 2018. 1. 20.

무 구덩이   － 울 엄니 65

늦은 가을 녘
텃밭에서
채소 수확하던 날

겨우살이용 무는
무청으로 뿌리로
애살스레 쪼개졌다

푸른 이파리는
꼬인 새끼줄에 빼빼 매달려
처마 밑에서 시래기로 야위고

말쑥한 몸통은
지푸라기에 둘둘 감겨
젖무덤 같은 구덩이에서 잠이 들었다

암팡진 구덩이에
무 쟁이고
다시 덮는 일은 아들의 몫

겨우내 수월히 꺼내도록
양지 바른 곳에 구멍 터
깔끔 말끔히 매조졌다

무 좀 꺼내오렴
깍두기 담가야겠다

종종 구멍 열어
무 꺼내고
다시 덮는 일도 아들의 노릇

섣달 지나
김장독
하나 둘 바닥 드러낼 즈음

말씀 받자올 적
허옇게 자란 잔뿌리는
파르르 떨면서 해쓱 웃었다

싹둑싹둑 칼질하던 울 엄니
한 조각씩 건네면
오물오물 사각사각 와삭와삭

그 개운한 사랑
밤새도록
가슴으로 번져 사르르르

깍두기는 으레
며칠 전 마련된
명태 서거리와 버무려 쟁여지고

고춧가루 마늘 곁들인
무채 겉절이는
꽁꽁 언 입맛 화르르르 녹였다

그로부터 아주 소복한 날
김장하실 때마다
시골에서 오라시던 울 엄니

바쁜 일이었던가?
바쁠 일이었던가?
아니 가고 못 간 애먼 시간들

아들 나이 서른하고 둘

그 해에도 어김없이 손짓하실 때
또 아니 가고 못 갔는데

오오
애달픔이여!
서글픔이여!

어찌 알았으랴 그게 마지막일 줄
몽똑몽똑 서러운 미련
가슴 깊숙이 남기실 줄

어찌 알았으랴 영영 묻히고 마실 줄
무 구덩이 같은 무덤에
다시는 꺼낼 수 없는 구덩이에 드실 줄

울 엄니 음성
가슴으로 젖어든다

잘 꺼내려면
잘 묻어야 한단다

2018. 2. 13.

설 1975   - 울 엄니 66

피곤하시니
다리 좀 밟아 드려라

일사후퇴 때 칼바람에 휘몰린
친인척이라고 해봐야 달랑 두 형제
서른 초반 따로 월남하고도
속초에서 재회한 건 그나마 행운이었다

고성 원암 골짜기에 정착했다가
끝내 뱃사람으로
오징어잡이 명태잡이 하시며
자녀 근근이 기르고 사셨으나

가족 두고 온 고단함 너무 컸던지
고향 생각 너무 깊었던지
설 도래 사나흘 전부터
연신 술독에 빠져 허우적거리다가 몸져눕고

울 엄니 아들 시켜
끙끙거리는 아바이
삼십여 분 다리 밟고 나면
가쁜 숨 몰아쉬며 드르렁드르렁 코 고셨다

언제 한 번
때때옷 맘껏 사줄 날 올까?

아바이 세상 뜨신

중학생 시절까지
설이면 가장 분주하고 애달픈 이는
찌든 궁색 헤치며 자식 보살피던 울 엄니

이십오 도 됫병 소주
연신 들이켜는 아바이 눈 피해
잘 다듬은 일등품 명태 고이 말려 쟁였다가
섣달 그믐날 양은 다라이 이고 삼구시장 나가시어

곱살스런 부잣집 아낙
한 푼이라도 더 깎으려고 가격 후려도
꼼꼼히 씻어 말린 정성 담보로
제 값 다 받고 야무지게 넘기시고는

옷가게 들러 자식들 때때옷 사실 적
쑥쑥 자라는 아이들 일 년 꼬박 입히러
핫바지만큼 큼지막한 것 고르시고는
귀갓길에 혀 끌끌 차며 탄식하셨다

사 홉 들이 네 병하고
환희 두 갑 사오너라

제수용품 머리에 이고
옷 보따리 등에 진 아들 이끌고
오리 길 걸어 타박타박
서산 해 걸릴 무렵 귀가하면 눈코 뜰 새 없었다

묽게 푼 밀가루에 고구마 가자미 범벅
적 부쳐 제사용 고이 챙기시고
안줏거리 먹을거리 잇따라 내는 사이
작은 아바이 소년에게 술심부름 보내시고

경월 사 홉 들이 한 병에 백육십 원
환희 한 갑에 팔십 원
술값 담뱃값 줄줄 꿰는 소년 손에 쥐여지는
꼬불꼬불한 과자 자야 한 개 값 이십 원

아바이 형제 고향 추억 안주 삼아
눈보라가 휘날리는 바람 찬 흥남부두에
젓가락 장단 맞추면
자식들 올빼미 눈으로 때꾼한 추억 쌓았다

지금 못 먹고 못 입어도
나중엔 그게 힘이 될 거다

아바이 빠진 차례 제사
작은 아바이 주도로 엄숙히 치르고 나면
쪼로니 줄을 서 세배 올리지만
소년 호주머니 세뱃돈은 고작 오십 원 남짓

구멍가게 들르면
이모 고모 운운하며 세뱃돈 뻐기는 친구들
화약총이며 그림딱지 사서 자랑 늘어놓고

친척 없는 서러운 소년 부러움에 군침 흘리고

친구들 연발 화약총 딱딱 쏘거나
화약 쟁인 장난감 미사일 허공에 팡팡 던져
길 가던 아가씨 깜짝 놀래주다가
뻐드렁니 망태 할아범 고함에 줄행랑쳤다

해질 녘 쓸쓸히 귀가해
차갑게 식은 전
서거리 넣어 담근 깍두기
우걱우걱 씹으면 울 엄니 어깨 토닥토닥

가난한 자는 복이 있나니
천국이 저희 것임이요

내 설은 왜 지지리 궁상일까?
이렇게 시작된 고민이
나를 보고 사람 보게 하다가
마침내 하늘 뜻 헤아려 살게 하였으니

그야말로 궁핍은 거대한 축복이었으매
나중에 크게 힘이 되리라던
사십사 년 전 울 엄니 혜량 헤아려
송두리째 말쑥이 추모할 따름일 진저

2018. 2. 19.

그게 끝이 아니라면   – 울 엄니 67

인천상륙작전 직후
원산상륙작전에 재투입된 미군 해병대
장전강 너머 압록강에
수월수월 이르러
강물 움킨 감격은 잠시

눈치 챈 중공군 매복에 휘말리고
영하 이삼십 도 넘나드는 혹한에 섭슬려
총상 동상 희생자만 와자자작
항공기로 부교 긴급 공수해
장전강 건너 벌이던 흥남철수 작전은 갈팡질팡

금방 돌아오리라 여겨
어머니와 두 아들 흥남에 두고
홀로 피란길 오른 서른한 살 아바이
산을 넘다가 돌아본 집은
폭격 화염에 휩싸여 화르르

그게 끝이었다

눈시울이 그르렁그르렁
생사 모른 채 속초 당도하여
피 흘리며 죽어가는 두 아들 환영에
어느 하루 마음 편할 날 없어
해마다 명절이면 술로 지새며 배칠배칠

유복자 남기고 월북한 공산당 남편 탓에
피란생활 겪느라 산전수전
북진하던 국군에게 빨갱이 부역자로 몰리자
총살당하기 직전 새끼손가락 물어뜯어
혈서로 죽음 헤치신 울 엄니 만나

주렁주렁 자식 기르면서도
이제나저제나 전전긍긍
귀향 그리며 애태우다가
끝내 돌아가지 못하고
칠칠 년 세상 뜨시어 호르르르

그게 끝이었다

두고 온 자식 끝내 못 본 아바이
이승 살이 다시 누리지 못할 아바이
어쩔 수 없이 맞닥뜨린
도무지 돌이킬 수 없는 운명

우리에게 이런 끝
수시로 들이닥친다
마른하늘 날벼락처럼
내 의지 따위 휘리리릭 깔아뭉개고

이런 끝 좀 피해 가게 해 달라고

이런 끝 좀 오지 말게 해 달라고
수십 수백 년 몸부림치며 기도해도
연기처럼 피어올라 안개처럼 스며온다

그게 끝이었다

하루 업무 뒤엔 또 하루 업무가
한 해 농사 끝엔 또 한 해 농사가
싹둑 잘린 거래 너머엔 또 다른 거래가
횅하니 갈라선 연인에겐 또 다른 인연이

그렇게 가고 또 오는 것인데
생이별로 불어 닥치고
죽음으로 끝장난 그 아픔 끝에는
또 어떤 시작이 기다리고 있는 걸까?

땅에서 메이면 하늘에서 메이고
땅에서 풀면 하늘에서 풀리리라 했는데
땅에서 맺혀 버린 통한의 슬픔은
하늘에서 여하히 풀어낼 수 있는 걸까?

그게 끝이 아니라면

잘 끝내야
시작이 수월하다는
흐릿하나마 깨친 그 이치로

땅의 서러움 향 피워 갈무리하노니

죽음 이편의 혼돈이
죽음 저편에서는
보랏빛 향기로 피어오르기를
살피살피 살펴 발원하오이다

따사로운 양지에
새싹 움트듯
그 끝이 시작으로 움트기를
살피살피 살펴 발원 또 발원하오이다

그게 끝이 아니라면

2018. 3. 1.

인간사표를 써라   - 울 엄니 68

자그마한 트럭 한 대
장마당 가로지르며
차창 밖으로 한 움큼 집어 던진 전단
바람에 어지러이 펄럭이면

아이들 일제히 뒤쫓으며 소리쳐
영화영화영화영화…
트럭이 장마당 벗어나고야
대여섯 장씩 집어 들고 헤벌쭉

여남은 살 코흘리개들 잦은 경험으로
그들이 뿌리고 간 게
새 영화 상영 알리는 전단이란 걸 익히 알았다

육 학년 승암 형네 집
복도 유리창에는
대원 중앙 제일 현대
네 극장에서 상영 중인 영화 포스터 줄지어 붙어 있고

종영 대엿새 앞두면
콧수염 거뭇거뭇한
십 대 중후반 총각들이
포스터 바꿔 붙이며 무료입장권 두어 장씩 나눠주고

그러다가 사나흘 전부터는
그림 하나 없이

영화 제목과 주연배우 이름만
붉고 푸른 글씨로 인쇄한 전단 트럭에서 가차 없이 뿌려대고

방역 차량 뒤따라 달리듯
달음박질치는 재미에
아이들 트럭 뒤따라 달리며
전단 수북이 주워 딱지도 접고 비행기도 날렸다

삼 학년 어느 봄날
人間辭表를 써라
붉은 서체로 쓰인 포스터
무슨 글자인지는 몰라도 박노식 김지미 허장강은 알아

영화영화영화영화
기다리기를 며칠째
드디어 장마당 지나는
트럭 뒤쫓으며 전단 주워 울 엄니께 뜻 여쭈니

인간사표를 써라
사람답지 않으면
그냥 죽는 게 낫다
이런 말이라는구나

소학교 오 학년 중퇴로
한글은 깨쳤어도 한자까지는 못 배운 울 엄니
이웃에 한자 음훈 물어

소상하고도 자상히 일러주셨다

인간사표를 써라
인간사표를 써라
그날 이후
날마다 포스터 앞에서 중얼거리니

승암 형 신기한 듯 연유 물어
그 뜻 풀어 알려주니
공짜 표 한 장씩 들고
제꺽 제일극장으로 가잔다

나중에야
박노식 처음 감독한 영화
일본 로케 사실 알았지만

소년 눈엔 그저
박노식은 싸움 잘하는 주인공
김지미는 까이
허장강은 악당일 뿐이었다

호쾌한 영화 후련히 본 이튿날
교실에서 소년 변사가 되고
둘러선 아이들은 영화 얘기에
눈 부릅뜨고 주먹 불끈 쥐며 환호하였다

숱한 순간을
시간 너머로 뿌리면서
우리가 배우고 익힌 자유 정의 진리

이 시대를 산 이들은 알리라
어마어마한 그 가치가
영화 한 편 보면서 우리가
깨우친 것과 별반 다르지 않다는 것을

영화에서나 삶에서나
이제나저제나
사람답지 않은 인간 마주할 적
영혼이 외치고 있다는 것을

인간사표를 써라
인간사표를 써라

2018. 3. 14.

이별의식 　　　　－ 울 엄니 69

씁쓰름했습니다

동창생 녀석 며칠 전
휴대폰에서
뒤진 친구 이름 뒤지더니

비릿하게 웃으며
야멸차게
지워야지 소리칩니다

서글펐습니다

죽은 친구 전화 번호
갖고 있어 본들
미련 밖에 더 남을까마는

돌아볼 틈도 없이
냉큼 잘라내니
그놈의 싹퉁머리 하고는

애련했습니다

아바이 떠나보내고
아바이 속옷 빨아
잠옷 삼으셨던 울 엄니

아바이 죽음 기려
마흔아홉 날 진지 지어
영정 앞에 잿밥 올리신 울 엄니

사랑이었습니다

바쁘다고 아우성치나
바쁜 만큼
결코 행복하지 않은 세상살이

사랑하는 이
차분히 떠나보내는
울 엄니 고운 이별의식

오늘에야 바라보니
가슴 울리는 소통이었습니다
영혼 적시는 배려이었습니다

그립습니다

2018. 3. 21.

다방구

– 울 엄니 70

엉금거리는 듯
슬금슬금 걸어 나가
두리번두리번 아무도 없어

춘자네 들르고
복동이네 엿보면
똥개 발발이 왈왈왈

부르고 불리며
함빡 어울려
아장거리던 칠공 년대 초반

대개는 네댓 명
드물게는 일여덟 명
희박하게는 여남은 명

다방구 할 사람 여기여기 붙어라

너른 마당 빈터에서
개구진 꼬맹이들
흠씬 달음박질 벌였다

술래는 아이들 좇느라
나머지는 달아나며 도사려
잡힌 친구 다방구 외치며 풀어주다가

차차 어스름 내리면
대롱거리는 전봇대 가로등
아이들 얼굴은 마냥 발그레 타올랐고

풍뎅이 땅강아지 날아들어
이마에 전구에
타닥타닥 부딪쳤다

얼굴이 왜 그래?

노가리 명태 걸어 두려고
덕장 주변 가로 친 나일론 끈
어둑어둑할 즈음 까맣게 잊고

정신없이 내달리다
목이나 얼굴에 아찔 걸리면
휘청 곤두박질에 하늘빛이 노랬다

울 엄니 말씀 들자와
색경에 얼굴 디밀어
홀킨 이마 살피니 작대기 하나

다음날 등굣길에 만나면
으레 한 두 녀석은 얼굴에
바알간 이등병 계급장 하나씩 걸려 있었다

맨발로 뛰어다니면 어떡해?

이 학년 어느 비 오던 날
쇠꼽 조각에 베인 발가락에서
붉은 선혈 꾸물꾸물 올깍올깍

정성스레 씻기고
아까징끼 발라 주시던
울 엄니 한숨소리 몹시 깊었다

고무신 벗고 치는 달음질에
엉덩이 등어리에 흙탕물 점점이 박이고
머리 감을 적 뒤통수에 흙이 서걱서걱

빗속에 제우 벌이는 다방구는
울 엄니께 부쩍 혼쭐이 나도
왠지 후련 왠지 쏠쏠 왠지 으쓱

신나게 달리며 놀아라

마땅한 놀이 없었다고 하지만
그 시절 꼬맹이들
왜 그리 달리며 놀았을까?

빈곤에서 풍요로
절망에서 희망으로

내달리고 싶었던 건 아니었는지

그렇다면 지금 우리
더 내달려야 하리

도처에 빈곤 여전하기에
도처에 절망 늘비하기에
더 힘껏 내달려야 하리

울 엄니 따사로운 마음으로
저잣거리 아픔 답삭 보듬고
더 내달려야 하리

2018. 3. 25.

오줌놀이 　　　　 - 울 엄니 71

다섯 살이었던가?

장맛비 주룩주룩 내리던 날
자활촌 소년
오줌 누며 처음 용 쓰기를

방문 활짝 열고
마당 건너 두엄 조준해
아랫배에 잔뜩 힘을 주었다

비 뚫는 솟구침
신기하고 재미났으나
진탕 신나는 건 역시 멀리 보내기

치켜세워 쏘는 곡사(曲射)
거죽 벗겨 발사하는 직사(直射)
좌우로 흔들어 뿌리는 난사(亂射)

프로이트 말처럼 네 살에서 여섯 살은
남근에 관심 갖는
성기기 탓인지도 모를 일

이따금 벌이는 오줌놀이는
하얀 눈에 깊은 구멍 내기로
마른 바닥 뱀 기어가기로 진화하다가

급기야 국민학교 입학해서는
꼬맹이들과 간간이
멀리 보내기 경합 벌이길

바닷가 바위 위에 도사려
힘껏 견주며
오줌발 겨루었고

바닷물에 둥둥 뜬 거품
파도에 휩쓸려 사라지면
꼬맹이들 오줌 물에 속속 뛰어들어

몇 시간씩 헤엄쳐 놀다가
수중 방사로
사지 부르르 떨었다

어찌 알았으리

고놈의 고약한 고추가
욕지기나는 욕정
살근거리는 사랑 덩어리일 줄

서럽도록 매달리게도 하고
죽도록 아프게도 하는
애정 애환 애증 덩어리일 줄

아직은 굼실거리나
오래잖아 꼬물거림마저 고단해
고개 숙일 애처로운 회한 덩어리일 줄

오줌놀이가 그예
수컷 드러냄에서 비롯된
자기 과시라는 본능 덩어리였음을

옛 말씀에 이르기를
입 손 고추는 늘 조심하라 했구만

고교시절
텔레비전 드라마 볼 적
울 엄니 은연 중 이렇게 뱉으셨으나

그윽한 뜻 몰라
좌충우돌로 살기를
이제까지 어언 사십 년

그 사이 고추에서 비롯된
자식들이 무럭무럭 자라고
고추는 어느새 녀석들의 애물이 되었다

죽어가는 모든 것을 사랑해야지
윤동주의 시구(詩句)
죽어가는 모든 것 그 중
오늘따라 오롯이 오줌놀이가
오뚝 으뜸으로 떠오르는 건 무슨 까닭일까?

2018. 3. 27.

껌종이 따먹기   – 울 엄니 72

이게 뭐냐?
껌종이가 왜 이렇게 많아?

국민학교 졸업 앞둔 어느 날
마루 밑 정리하던 울 엄니
커다란 가방 열고 눈 동그랗게 뜨신다

수집했던 건데
이젠 필요 없어요

쓰레기통에 수북 버리면서
짐짓 시치미 뗐지만
공연히 얼굴 화끈거렸다

언제부턴가 해마다 한두 차례
친구들 사이에서
간간이 유행으로 번지던 놀이

껌 씹고 남은 껌종이
꼬맹이들 별 딱지처럼
서로 따 먹으며 놀았다

조막손에 껌종이 쥐고 접으면
껌종이 몇 장 집어 들고
껌 또는 신을 외친다

껌종이 한 면은 국문 다른 면은 영문
손 벌릴 적
국문 드러나면 껌 영문 드러나면 신

상대편 건 만큼
맞히면 내줘야 하고
못 맞히면 따 먹기

많이 팔리는 껌은 낮게
덜 팔리는 껌은 높게
껌종이마다 가치 매겨져

쥬시후레시 스피아민트 쿨민트는
구하기 쉬워 두 장 가치
왔다껌 들국화는 다섯 장 가치

연인 겨냥해
고급스럽게 만든 이브는
무려 스무 장 가치

껌 사먹는 걸로 충당하기 어려운
대부분 꼬맹이들
쓰레기더미 뒤져 껌종이 마련했다

언젠가 잔뜩 따서

놀이 유행 지났기에
가방에 넣어 마루 밑에 두었던 것인데

졸업 며칠 앞두고
철부지 놀이 들키니
쑥스러워 머쓱할밖에

그 시절 참으로 많았던 따먹기 놀이
돈 안 드는 따먹기
돈 드는 따먹기

마당에 금 그어 땅 빼앗는 땅 따먹기
종이로 접은 딱지 따먹기
망치로 두들겨 펼친 병뚜껑 따먹기는
돈 들지 않는 따먹기 놀이요

별 그려진 만화 캐릭터 딱지 따먹기
구슬 지우개 칼 따먹기
돈 걸고 노는 돈치기는
돈 드는 따먹기 놀이였다

돈 안 드는 껌종이 잔뜩 따 두었다가
중학교 입학 앞두고 내다버린
가난한 소년의 아릿한 가슴

훗날 추억 돌이켜
따먹기 놀이가 사는 이치 토닥임을 덥석 알았다
중학교 입학 앞두고
애써 따 먹은 껌종이 우르르 내다 버리듯

사는 내내
아무리 따 먹을지라도 끝내 내 것 아님을

사는 내내
쌓아 둘수록 쓸모없는 짐만 늘어남을

사는 내내
모으고 쌓은 재화가 시간 흐를수록 자신 짓누를 것임을

그러다가 종당엔
낑낑거리며 내다버려야 비로소 하늘 갈 때 가벼움을

울 엄니 그 뜻 아셨는지
열심히 기도한 흔적 말고는 아무 것도 남기지 않고 가시었다

소년 갖고 놀던
껌종이 내다버리듯 다 버리고 빈손으로 가시었다

2018. 4. 2.

병뚜껑 따먹기   - 울 엄니 73

아바이 마신 소주병은 물론이고
이웃 아바이 마신 소주병까지 살피살피
병뚜껑 구해다 망치로 쿵쾅쿵쾅

가생이 쭈글쭈글 주름진 병뚜껑
호떡 굽는 누르개처럼
늘씬늘씬 죽죽 납작하게 펴지면

종이 봉다리에 담아
늠름 씩씩 집 나서고
양지바른 모탱이 꼬맹이들 부른다

손호준 황운복 김철민 전국필
형 동생 이를 것 없이
나올 만 하면 모두 나와

땅바닥에 방패 거꾸로 세운 모양
십육 절지 크기로 그리고
방패 배꼽 쯤 되는 곳에
오십 환 동전 크기 홈파고 병뚜껑 따먹기 널널하게 벌인다

병뚜껑 따먹기 규칙은
누가 이르지 않아도 척척
형들 동전 따 먹는 돈치기 방식

두 개 내기
세 개 내기
네 개 내기

모두 움켜 한 손에 몰아 쥐고
가위바위보 순번 정해
서너 걸음 멀찌감치 구멍 노려 던진다

구멍으로 들어간 것과
거기 붙은 것은 모두 던진 녀석 차지
구멍 밖에 짝지어 붙은 것은
공깃돌로 찡콩 맞혀 떼어 놓으면 그것도 녀석 차지

각자 낸 병뚜껑 모두 따 먹으면
병뚜껑 따먹기 새판 시작된다
호준 운복 천민 국필
병뚜껑 잘도 따 먹었지만 소년은 당최 젬병

모조리 잃고 병뚜껑 주우러
구멍가게 쓰레기통 뒤지기 보통
눈치코치 보기 딱했는지
아바이 단골 술집에서 울 엄니 적잖이 모아 주셨다

가끔은 펼친 병뚜껑 가운데

구멍 두 개 뚫어 거기에 실 끼워 넣고
리듬에 맞춰 실 당겼다 놓았다 하면

실 꼬였다 풀리는 힘으로 병뚜껑 윙윙 소리 내며 돌았고
회전하는 병뚜껑 날로 풀잎 자르는 시합도 예사로 벌였다

놀 때는
재밌게 놀아라

언제 한 번
공부하란 말도 없이
재밌게 놀라고만 이르신 울 엄니

대수롭지 않게 흘려들은 말씀
그 시절 울 엄니 나이 들고야 깊은 속내 알아 차렸다

그깟 병뚜껑
다 먹으면 무엇하고
다 깔리면 어떠한가?

먹든 잃든
훗날 먹고 사는데 도움 될 일 하나 없지만

그 시절 그 놀이가 있어
오늘 여기 나 있으니 가로되 진정 고맙지 아니한가?

우리 사는 생애
허투루 산 것도 가상하고 올곧게 산 것도 기특하니

마주하는 순간순간
흘러가는 시간시간
어찌 즐겁게 살지 않을쏜가?

살 때는
재밌게 살아라

2018. 4. 4.

율구

– 울 엄니 74

율구 따러 안 갈거나?
용촌 가문 개락이라니

옆집 사는
사 학년 창국
육 학년 소년에게 시끌벅적 보챈다

명신중학교 인근
우리 동네 꼬맹이 넷 더불어
일요일 이른 아침 떠나는 나들이

허름한 자루 하나씩 걸머지고
언덕 너머로 하나 둘 하나 둘
고성군 최남단 용촌 가는 발걸음

모래기에서 끊긴 아스팔트길
울퉁불퉁 비포장도로
버스 트럭 달리며 일으키는 뽀얀 흙먼지

산 위에서 부는 바람 서늘한 바람
그 바람은 좋은 바람 고마운 바람
여름에 나무꾼이 나무를 할 때
이마에 흐른 땀을 씻어준대요

속초와 고성 경계 이루는 고팽이
콧노래 흥얼거리며 오르니

나무꾼 땀 식히는 바람인 양 상쾌하다

산들거리는 코스모스 꽃잎 여덟 장
사이사이 넉 장 떼어 내고는
프로펠러 삼아 허공에 던지지만 마음만 팽그르르

아까시나무 이파리 각자 들고
가위바위보 이기면 한 장씩 떼다가
먼저 다 뗀 승자가 상대 마빡에 꿀밤 따다다닥

노는 듯 쉬는 듯 쫄래쫄래
용촌천 둑머리 다다르니
발그레한 해당화 열매 답삭 반긴다

너무 째잘한 거는 따지 마
아죽까정 들 이은 것두 기앙 두구

서툰 지침에 꼬맹이들
밤톨 만하게 익은 율구
자루에 담느라 땀방울 송골송골하다

유난히 큰 율구 골라
와삭 베어 물고
엄지손톱으로 씨앗 투두둑 퉁겨낸 뒤

냠냠 과육 씹으면

아기자기 즙향 입안에 가득가득
싱글벙글 미소 얼굴에 담뿍담뿍

털 달린 씨앗 파낸 손톱으로
목덜미라도 긁었다가는
까끌까끌 따가워 쩔쩔매기 일쑤다

어쭈구리 니들 이리와 봐
누가 이걸 따랬어

두두룩한 자루 하나씩 들고
희희낙락 돌아서는데
불쑥 나타난 군인 아저씨

진심인지 장난인지
갈피 못 잡고 긴장
뒤 편 섰던 군인 아저씨 불쑥

누나 있는 사람
앞으로 나오라는 난데없는 주문
언뜻 떠오르는 동네 딸부자 집 누나들

군인 아저씨 앞에서 그 이름
누차 복창하고야
건빵 한 봉지씩 받고 풀려났다

마카 모이 바라
오빠가 목걸이 맹그러 주께

귀가하자마자 세 여동생에게
바느질 실로 율구 꿰어
목걸이도 걸어 주고 팔찌도 끼워 주었다

주전부리 하고플 때마다
곶감 빼 먹듯 하니
이틀 만에 흔적 없이 사라지고

둑 도처에 널린 율구
더 따올 걸 싶어 사뭇 애달팠지만
해당화 율구 채취 그날로 마침표 찍었다

해당화 열매의
강원도 사투리

사전은 율구를 이리 갈기었지만
해당화 열매 지칭하는
표준어마저 딱히 없는 마당에

밤톨 크기이니 율(栗)
둥글둥글하니 구(球)
율구라 이르면 자못 대견하지 아니한가?

짠바람 부는 바닷가 모래사장
척박한 환경에서 무던히 자라
고성군 군화(郡花)로 지정된 해당화

열매 지혈 진통 약재로 쓰인다 하니
율구 먹고 자라
그간 아픔 모르고 살았나 보다

무성히 자란 자식들
사는 걸 버거워하거든
앞으로 용촌천 둑 율구 따서 먹여야겠다

아비 그러했듯
아프지 않고 살 수 있으리니
씩씩하게 이겨낼 수 있으리니

2018. 4. 7.

빙구(氷具)　　　- 울 엄니 75

한 겨울 추위 기승 부려
산천이 꽁꽁 얼어붙어도
얼음 지치는 열기는 후끈

국민학교 다니는 꼬맹이들
저마다 쓸 만한 빙구 갖춰
논이나 호수에서 여념 없이 놀았다

스케이트는 언감생심
부잣집 아이들이나 메고 다니는
그들만의 우쭐우쭐 전유물

철사 구부려 각목에 붙이거나
쪼가리 철판 각목에 끼워 날 삼고
각목에 널빤지 덮어 빙구 짜고

얼음 쿡쿡 찍어 추진력 내는 꼬챙이는
펜치로 대가리 자른 못꽂
아까시나무 마구리에 꽂아 만들었다

어린 아이나 간나 빙구는
궁둥이 깔고 탈 만치 널찍한 널빤지
꼬맹이 빙구는 두 발 올라설 조붓한 널빤지

오 학년 소년
날이 하나 뿐인 외날 빙구 장만해

명신중학교 앞 늪지에서 기량 갈고 닦고는

날이 푸근한 일 월 하순
동네 꼬맹이 여남은 명 어울려
둘레 오 킬로 남짓 영랑호 정벌 나섰다

정황 몰라 출발은 무난했으나
곳곳에 도사린 살얼음판
아이들에게 결코 녹록치 않은 질주

찌이익 울며 출렁이는 얼음
잠시라도 멈추었다가는
와자작 깨져 곧바로 빠질 형세였다

깊이조차 가늠할 수 없는 호수는
빠지면 마풀이 잡아 당겨
누구도 빠져나올 수 없다는 소문 무성한 곳

날이 풀려 녹아내리는 고무얼음 빙판을
두려움 품은 꼬맹이들 달리고 달려
한 시간 만에 귀환하니 전신은 온통 땀범벅이었다

작은 형한테
도시락 좀 갖다 주고 오렴

그로부터 며칠 뒤

울 엄니 아들에게
왕복 오리 길 심부름 보내셨다

생선 담을 상자 짜는 일 하는
작은 형 일터 한흥제재소
빈 도시락 받아오기까지는 한 시간 남짓

타박타박 걸어 마을 어귀 접어드는데
사람들 수군거리는 소리
동네 분위기 사뭇 어수선했다

친구 한석이 엄마 통곡 소리
큰형 친구들이
가마니에 들고 오는 성호 엄마 시신

빙구 타러 갔다가 얼음이 깨져
한석이가 빠졌고
구하려던 성호 엄마마저 빠졌다고

시신 못 찾아 고생 고생하다가
무당 일러주는 곳
얼음 부수고 간신히 찾았다고

두 사람
손 꼭 맞잡은 채
뭉클하게 발견 됐다고

죽던 날 아침 성호 엄마
먼 길 떠나는 사람처럼
머리 감아 참빗으로 곱게 빗었다고

이런 흉흉한 소문
아랑곳하지 않고
울 엄니 읊조리듯 말씀하시길

하얀 함박눈 좀 봐라
하늘이 축복하는구나

객사는 시신조차 들이지 않는다고
문밖 천막에 안치하여
다들 비명횡사라고 수군거리는데

그날 저녁 시작해
하염없이 내리는 폭설을
축복이라고 선뜻 하시는 말씀

무슨 말인지
도통 알 길 없었으나
불혹 지나고야 가늠할 수 있었다

심부름 가지 않았더라면
끔찍한 참사
아들에게 벌어졌을지도 모를 일

살고 죽는 일
우리 작은 머리로
어찌 다 헤아릴 수 있으랴만

필부필부에게
죽음만큼 아프고 서러운 일
세상 또 어디 있으랴만

아들 친구 구하려다
한 떨기 희생화로 꽃피웠으니
성호 엄마 얼마나 숭고한 삶인가?

친구 엄마 꽃등불은
그해 겨울 내내
축복 속에 온 동리 하얗게 밝혔다

아니 아직도
그를 기억하는 소년 있으매
지금까지 훤히 세상 밝히고 있음이라

2018. 4. 8.

찍어먹기　　　　　　　－ 울 엄니 76

영랑동 눅거리 상점 인근
높다란 쌀 창고 바람벽 병풍 삼아
너풀너풀 쳐진 천막 안
서른 후반 아줌마 찍어먹기 파는 곳

찍어먹기 하나 주세요

열 살 안팎 꼬맹이
오십 환짜리 은색 동전 내민다
육이 년 시 월 화폐개혁 이전 쓰이던
이 동전 가치는 오 원 찍어먹기 하나 값

국자에 누런 설탕 담아
연탄불에 올려 달달 녹이고
소다 토독토독 털어 넣으면
설탕물은 금세 풍선처럼 후르르 부풀고

아줌마 아주 익숙한 솜씨로
철판에 쏟고는
누르개로 살그머니 압착
별 문양 토끼 무늬 옴팍 찍어 건넨다

삽시 딱딱하게 굳어가는 찍어먹기
집으로 들고 가 톡톡 잘라 먹다가
별 무늬 토끼 무늬 고스란히 남겨 가면
찍어먹기 하나 덤으로 얻어먹을 수 있었다

하지만 문양 남기고 먹기
여간 어려운 일 아니어서
덤 얻는 경우는
고작해야 열에 하나 정도

나중 알았지만
무늬 찍힌 자리
침 묻힌 바늘로 촘촘 긁어
덤 얻어내는 고수가 더러 있었다

찍어먹기 파는 아줌마
또 다른 메뉴는 하양 육각 포도당
국자에 녹이고 소다 넣어
부풀어 오르면 티스푼으로 떠먹었다

문양 덤 없어
찍어먹기보나는 덜 팔렸어도
달착지근한 맛에
어지간한 과자보다 인기 드높았다

늦거리 상점에서
누런 설탕 좀 사다 주겠니?

찢어지게 못 살던 소년
감히 사 먹을 엄두 못 내고
친구들 군것질 옹송그려 들러리서는데

찍어먹기 아줌마 어느 날 심부름 시키신다

이웃 어른 심부름도
마다하지 않던 곰살궂은 마을
설탕 사다 드리니
육각 결정포도당 만들어 주신다

얼마나 달콤하던지
얼마나 살살 녹던지
얼마나 행복하던지
얼마나 빠르게 없어지던지

공짜 찍어먹기 재미에
날마다 들러 심부름 기다리다가
간간이 아이들 북적일 때
눅거리 상점 오가는 맛은 달착지근했다

눅거리가 무슨 뜻이에요?

설탕 사러 갔다가
호기심에 여쭈었더니
뚫어져라 보시며
아저씨 너털웃음 지으신다

고거이 머이가 궁금해서 기리니?
맹랑하구만 기래

관심 가지는 놈 하나 없는데
물어봐 주는 아새끼 고조 반갑구나야

평안남도 성천군
가마산 남쪽 마을 용흥리
고 동리가 눅눅하거든
기래서 눅거리라 이 말이야 알간?

아저씨 즐거운 낯빛으로
퍼뜩 가고 싶은 눅거리 얘기
와르르 쏟아내고는
라면땅 한 봉지 거저 주셨다

고기도 먹어 본 놈이 잘 먹는다고
부자로 살다가 내려와
동네에서 가장 큰 눅거리 상점 운영
장사 수완 놀라웠지만 고향 그리움 어찌 감당하랴

찍어먹기의 또 다른 이름은
뽑기 또는 달고나
누군가 국자에서 그냥 찍어 먹어
강원도에서 찍어먹기라 부른다고 지껄이지만

어림없는 소리다
철형으로 문양을 찍으니 찍어먹기
포도당 달게 녹여 먹으니

달고나 혹은 달구나 그게 틀림없는 답이다

방문 열고 스무 걸음만 달리면
바닷가 백사장에 다다르던 소년 집
수재민 주택 이주정책으로
사 학년 때 명신중학교 옆으로 이사하였고

아이들에게 놀이터 제공해 주시던
둥그스름한 얼굴 넉넉한 인심
찍어먹기 아줌마와의 달달한 인연도
그로 인해 영영 끝이었다

중고교 시절
몇 차례나 지나치며 눈여겨보았지만
찬바람만 휘잉 불어올 따름
아줌마 모습 다시 볼 수 없었다

불량식품으로 취급 받던 찍어먹기
부모들 외면에
코흘리개 푼돈으로
두 딸 키우기 차마 어려웠으리라

그로부터 반세기
파릇한 아줌마 추억
아슴푸레한 찍어먹기 추억
지금도 이따금 튀쳐나와 소년을 간질인다

달달하게 살라고
넉넉하게 살라고

2018. 4. 15.

개락   - 울 엄니 77

봄에는 창꽃이 개락
여름엔 오징어가 개락
가을엔 단풍이 개락
겨울엔 명태가 개락

오 학년 겨울
동아서점에서
난생 처음 구입한
두툼한 학생국어사전

신기한 우리말
고루 뒤졌어도
울 엄니 즐겨 쓰시던
개락이란 뜻 어디에도 없고

유일하게 등재된 것은
개락(開落)으로
꽃이 피고 짐이라 하였지만
그 뜻 간파하기 난망한 나이

고교 시절 즐기던 한문 시간
조선 중기 학자이자 문인
송한필(宋翰弼)이 지은 한시
우음(偶吟/우연히 읊음) 익힐 적 뜻 헤아렸다

花開昨夜雨(화개작야우)요

어젯밤 비에 꽃이 피더니
花落今朝風(화락금조풍)이라
오늘 아침 바람에 꽃이 지는구나
可憐一春事(가련일춘사)가
가련한 봄날 하루 일이
往來風雨中(왕래풍우중)이라
비바람에 오락가락 하는구나

봄날 하룻밤 사이
꽃이 피고 지듯
권력 무상함 또한 그러함을 읊조린
작가 글에서 스르륵 살피면

개(開)는 꽃이 핌이고
락(樂)은 즐거움이어서
개락은 꽃이 피는 즐거움이니
풍성해 즐겁다 이를 진저

농사 관광 겸한 어업도시 속초는
여름엔 오징어 겨울엔 명태
차고 넘쳤던
오랜 기간 풍어의 고장

어부가 팔아 호구지책 삼고
농부가 구해 맛깔스럽게 먹고
여행객 얻어 별미 삼고

개까지 한 마리씩 물고 다녔음직

개가 물고 다닐 만큼
넉넉하고 풍족했던 오징어 명태처럼
개(犬)도 즐거우리만치(樂) 많은 걸
개락이란 뜻으로 일렀을 진저

예로부터
작가는 어휘 만들어 쓰고
문법학자가 이를 정리한다 하였고

역사 또한 기록하는 일과
거기서 뜻을 찾아내는 일 외에
창조하는 일을 가리켰으매

사투리 정도로 치부되는 개락
이 즈음에서
의미 깊이 되새겨
풍족함의 어원 매조지는 어떠한가?

비록 명태 오징어
흉어로 신음 흘릴지라도
해마다 개락으로 피어오르는
화사한 봄꽃의 열락(悅樂) 만끽하면서

2018. 4. 16.

젖
— 울 엄니 78

엄마 젖 먹어 봐도 돼요?

한 살짜리 막내 여동생
젖 먹이는 양
한참을 지켜보다

수유 끝나 여쭈니
젖 다시 꺼내고
엉뚱하다는 표정 지으신다

다 큰 녀석이 젖은 왜?
옜다

계면쩍음에
거무끄름 젖꽃판
살그미 물어 일순 빨았더니

비릿 느끼 오묘
무슨 맛인지
가늠조차 불가하다

얼굴 잠시
일그러지자
울 엄니 재미있다는 듯 물으신다

싱겁긴
그래 맛이 어떠냐?

소년 나이 열 살
바로 아래 여동생 일곱 살이니
삼 년은 족히 먹었을 젖

우물쭈물하자
엄지 검지로
볼 가볍게 꼬집으며 웃으셨다

젖이 안 나와
큰일이네

마흔 다섯에 막내 낳고
젖이 모자라
울 엄니 몹시 애태우셨다

먼저 낳은 여섯 아이
젖이 넘쳐 거뜬히 먹였건만
막내는 노산 탓에 젖이 충분하지 않았다

연유를 타서
먹여야 하는데

막내가 태어난 칠일 년 봄은
유난히 물고기가 나지 않아
울 엄니 연유 살 엄두를 못 냈던 것

미음 뱉어내고 빈젖 빨던
배고픈 막내
앙앙 울다 지쳐 잠들기 예사였다

한 숟가락
타서 먹이렴

도루묵이 조금 잡히자
울 엄니 지체 없이
미음에 섞여 먹이라 연유 주시고

호기심에 연유 맛본 아들
얼마나 달던지
황홀경에 쪽쪽 빨다 혼쭐났다

있는 집 애들은
소젖 먹인다더라

연유보다 영양 우월하다고
비락분유 남양분유가
광고로 거세게 공략해도

어린 막내에게
맛보일 수 없는 울 엄니
하릴없이 저민 젖만 어루만졌다

젖이 마르면 어쩔 수 없지만
사람은 본래 젖을 먹어야 하는 거야

아들 장성해 첫 딸 낳았을 적
울 엄니 아내에게
간절한 당부로 이르시어

아내도 아이 셋
모유로 키우다가
점차 젖 줄어 막내 쌍둥이 분유 먹였다

모유 먹여서 그런가
다른 사람들보다 건강한 것 같아요

모유를 먹여 자신이 건강하다는 아내
이렇게 간명한 이치
다들 어찌 쉬이 망각하고 사는지

어릴 적 맛보았던
울 엄니 비릿한 젖내가
웬일인지 한없이 그립기만 하다

엄마 젖 먹어 봐도 돼요?

2018. 4. 21.

우량아 선발대회 　　　－ 울 엄니 79

왜 홀딱 벗고
사진을 찍었대요?

소년 오 학년
후배 창국네 놀러 갔다가
벽에 걸린 액자 돌 사진 보고

떡하니 발가벗고
고추 드러낸 자태 기이해
울 엄니께 까닭 여쭈니

유행가 알지?
바로 그런 거란다

무슨 말인지
얼른 알아채지 못해
멀뚱거리니 계속되는 소상한 설명

소젖 만드는 회사가 아기들 벗겨 놓고
해마다 우량아 선발대회 열었더니
흉한 줄도 모르고 너도 나도 흉내 냈다는 것

올해도 사 월이면
대회가 열릴 거다

그로부터 얼마 뒤 울 엄니
우량아 선발대회 신문광고 내미시는데
벗은 아기 흑백사진과 문구 한눈에 들어왔다

목에 메달 걸고 환하게 웃는 아기
남양분유 문화방송 주최
지역별 예선 방송국 신청 안내

벌거벗은 아기들을
텔레비전에 내보내면 안 되지

문화방송 생중계로 전국 강타한 우량아 선발대회
상상 초월하는 파급력으로
가가호호 속속들이 파고들어 관심 촉발시켰다

예선 거친 아기들 발가벗은 채 무대에 섰고
키 체중 가슴둘레 머리둘레 재
심사위원들 나름 꼼꼼히 우승자 가렸다

피둥피둥하다고
다 우량아일 리 있겠어?

볼썽사납게 살진 아기
우량아인지 비만아인지
알 길 없는 우량아 선발대회 열렸고

공익방송과 분유회사 손잡고 벌인
덩치만 큰 아이 뽑는 우량아 선발대회는
분유 먹여야 우량아라는 왜곡된 홍보전으로 전락했다

분유 광고에
엄마들 많이 망가졌지

돈 자랑하고픈 여편네들은
멀쩡히 젖 나오는데도 분유 먹이며
젖 먹이면 몸매 망가진다 아갈질로 으스대고

내숭에 물든 간나들은
젖 물리면 품격 떨어진다고
천박히 여기며 줏대 없이 깝쳤다

젖이 모자란 임마들한테야 좋은 일이다만
모유 나오는 엄마들이 어디 할 짓이라더냐?

분유 등장으로 젖이 나지 않는 엄마들
햇아 먹일 고민 줄었지만
우량아 선발대회는 무려 삼십 년이나 산부 우롱했다

모유 대신 분유 선호 조장에
내남없이 고추 사진 찍어
보란 듯 액자에 걸었으니 얼마나 어리석었던가?

흉한 사진
오래잖아 없어질 거다

포동포동 살찌고 덩치 큰 아이 향해
우량아 선발대회 나가야겠네 하는
그 시절 최고 덕담으로 자리매김했던 인사

울 엄니 말씀대로
우량아 선발대회 팔삼 년 끝났고
액자에 벌거벗은 사진 걸던 유행도 말끔히 사라졌다

훗날 기자로 살 적
우량아 선발대회 두루 파악하니

오칠 년 비락이 처음 시작했고
칠일 년부터 남양분유가 주도했으나
일제강점기에도 이런 대회 전국에서 개최됐다

경성아동연합보건회 주최로
아기들 옷 입히고 치러졌음이
사공 년 오 월 육 일 동아일보 기사로 확인됐다

예나 지금이나 신문 방송 영향력 엄청나
꼬임에 넘어가느라
제 살 깎이고 영혼 마르는 줄 모른다

세상 주인은 자신인데
언제까지 주인 행세 못하고
광고에 명품에 끌려 다니며 살 것인지

정도(正道)는 언젠가
반드시 제자리 찾고
사도(邪道)는 언젠가
몰락하는 게 세상 이치

요즈막 엄마들 사이
모유 우량아 대회 자리 잡는다 하니
정도가 서는 것만으로 감개무량한 시간을 산다

2018. 4. 24.

고무줄차   - 울 엄니 80

재밌는 거 하나 보여줄까?

일곱 살 무렵 다감한 울 엄니
뜨개질하시다 말고
아들 딸 두루 불러 모으니

눈이 반짝
귀가 번쩍
조르르 몰려들어 침 꼴까닥 삼킨다

실패 하나 가져 올래?

재봉틀에 걸어 쓰던
가운데 구멍 뚫린
실 다 쓰고 남은 조막만한 나무실패 물어오니

보망칼로 가장자리 쓱쓱 홈파더니
손톱만하게 양초 잘라 덧대고
실패 구멍에 까만 고무줄 끼우고는 나무젓가락 매달았다

잘 봐

나무젓가락 둘둘 감으니
고무줄 풀리는 힘에
데굴데굴 잘도 굴러간다

이름하여 고무줄차
달리 불러 실패차
제꺼덕 본떠 어수룩하지만 만들어 본다

시합해 봐요

팽팽하게 감았을 때
굴러 봐야 고작 일 미터 안팎
울 엄니께 감히 도전장 내밀지만 연전연패

양초 윤활 작용으로
한 번이라도 더 구른 놈이
잘 구르게 마련인 걸 꼬맹이가 어떻게 알았으랴

차 하나 만들어 줄게

어린 동생들
이웃 친구들
소년 만들어 준 고무줄차가 그저 재미졌다

그 시절 놀이 실패차 뿐이었으랴
이른 봄 강아지풀 손바닥에 살며시 쥐고
오물오물 움켜 벌레처럼 기어가게도 하고

초가을 들길 엄지 검지 구부려 만든 구멍에
깻잎 구겨 넣고 손바닥으로 내리쳐

딱 하는 요란한 소리 내기도 하고

나무젓가락으로 만든 총에
고무줄 걸어 파리 조준사격도 하고
엄지 검지에 고무줄 걸어 뭉친 종이 탄환 삼아 쏘기도 하고

참나무 이파리 모자로 엮고
종이배 접어 연못에 띄우고
솔방울 던지며 전쟁놀이도 하고

지지리 궁색한 시절 아무리 살기 힘들어도
나뭇잎 풀 고무줄 솔방울
끊이지 않았던 아이들 놀잇감

사람이 자연이었으니 아이들 가슴 넉넉하고
자연이 사람이었으니 꼬맹이들 머리 풍요로웠다

고무줄 차
하나 만들어 줄까?

소년 나이 들어 아이 낳아 고무줄차로 놀아 주고자
요구르트 병에 양초 덧대고 고무줄 끼워
나무실패 갈음하니 아이들 신기한 듯 바라보다가

미처 십 분 못 넘기고 게임에 몰두
사람이 기계 갖고 논다지만

기계가 사람 갖고 노는 형국

여기저기 학원 가느라 빠듯한 일상
허겁지겁 스마트폰에 빠져
허둥지둥 컴퓨터에 빠져
빨리빨리에 영혼 빠뜨리고 사는 아이들

느긋하면 참 좋으련만
넉넉하면 참 좋으련만
느릿느릿 고무줄차 갖고 놀던 행복
정녕 다시 돌아갈 수 없는 옛 추억이어라

2018. 4. 28.

반달　　　　　　　　　　－ 울 엄니 81

푸른 하늘 은하수 하얀 쪽배엔
계수나무 한 나무 토끼 한 마리

보름 향해 몸 불리던 반달
중천에 두둥실 뜬
칠오 년 여름 어스름 시각

아들 늠름 앞세워
마을 앞 돌산에
꼬맹이 여남은 명 소르르 불렀다

아이들 손에 손에
짚으로 짠 가마니 돗자리
개운 가뿐한 여름 홑이불

부모들 흔쾌한 허락
더불어 잠잘 요량에
올망이졸망이 반짝반짝 다 모였다

돛대도 아니 달고 삿대도 없이
가기도 잘도 간다 서쪽 나라로

소르르르 한뎃잠 설렘
찌르륵찌르륵 풀벌레 유혹
어찌 그냥저냥 까무룩 잠들 수 있으리

눈부신 달빛이
꼬맹이들 눈동자에
호르르르 영롱히 스미도록

차근한 이슬이
폭신한 이불
벙그르르 함초롬히 적시도록

음악 시간 배운 반달
동생들에게 갈치며
쪽배 타는 아득한 꿈 옮키었다

은하수를 건너서 꿈의 나라로
구름나라 지나선 어디로 가나

이사 년 우리나라 효시 동요
일제강점기 꿈 용기 주고자
노랫말 가락 지어낸 속 깊은 배려

담임 일러주신 뜻 새겨
머리 하얘지도록
내리 변함없이 즐겨 불렀다

멀리서 반짝반짝 비치는 건
샛별이 등대란다 길을 찾아라

까마득한 세월
만나고 헤어진 얼굴들
안개 자욱할 때마다 반짝였을지언정

그 어느 불빛을
아들 앞길 밝힌
울 엄니 사랑에 견주리오

밤이면 짙은 섬광 뿜어
안개 끼면 거대한 나팔 불어
뱃길 인도하던 등대처럼

청정한 날엔 북돋움으로
궂은 날엔 나무람으로
가다듬고 조여 이끄시었으매
잘 놀았어?

은하수 따라
서쪽으로 흐르던 반달
그 쪽배 바라보던 소년

골짜기 너럭바위에서
느티나무 아래 평상에서
밭머리 원두막에서

꿈이 피어서 자라는 동안
굵거나 잘거나
소담스러운 열매 맺어 갔다

노래가 일러 주었듯
울 엄니 보여 주셨듯
이렇게 말할 수 있기를

아이들아
너희는 쪽배요 샛별은 등대란다
반짝반짝 헤아려 네 길을 찾으렴

2018. 5. 2.

외팔이 드래건 　　　　－울 엄니 82

이따 회계 끝나면
아바이 따라 가거라

찬바람 찬찬 매서운
칠이 년 이 월 초순
명태바리 회계 보시다가
울 엄니 아들 어깨 토닥토닥

이 월은 그물명태 끝물
정월 절정 지나곤 내리 곤두박이
선주 집 모여 선원들 잡은 명태
설 사나흘 앞두고 정산해 설설 내준다

선주에게 선금 대주고
명태 죄다 가져가 덕장에 넘기는 덕주
회계 마치면 한 턱
이 인분 회냉면에 극장구경

일 년에 서너 차례 있을까 말까 한
회식 겸한 오락 자리
대신 내주신 울 엄니
고운 헤아림에 가슴 벅찼다

극장 구경
잘 하고 오거라

함경도 고향 지명 따 지은 단천면옥

새콤달콤 질깃질깃 회냉면
뒤 이어 삼구시장 중앙극장
한 눈에 들어오는 외팔이 드래건 간판 그림

영화 시대 배경 어떠한지
왜들 싸우는지
알아챌 나이 아니어도
주인공 악당 분별은 또렷했다

일당 백 고수 왕우
착한 편 괴롭히는 악당 물리침은
과연 호쾌하고
주인공 빙의한 소년 두 주먹 불끈

훗날 무술 제대로 배우고야
쓸모도 쓸 수도 없는 기술임을 알았지만
한 손가락으로 물구나무 서는
외팔이 활극에 짜르르 전율 일었다

우리 아들도
주인공으로 살아 보렴

아바이 등 업혀 포근한 귀가
동생 재우던 울 엄니 앞에서
불끈 토하는 영화 줄거리
귀찮다 여기지 않으시고 짐짓 흐무뭇

이튿날 학교에서 또 아갈질
화려한 입담에
친구들 침 흘리며 헤벌쭉
주인공 된 양 소년 의기양양했다

그날 이후
주인공 되리란 믿음으로
공부도 스스로
진로도 스스로

버거움인 줄
우둔함인 줄
외고집인 줄
전연 모르고 시간 흘렸다

사람이 만일 온 천하를 얻고도
자기 목숨을 잃으면 무엇이 유익하리오

날마다 숙제하듯
성서 봉독하시다
하늘 가신 울 엄니
살아 계실 적 가장 즐겨하신 구절

꼼꼼 살피니
천하보다 더 귀한 자신 목숨
이를 소중히 여겨

자기 삶의 주인 되라 이르는 뜻이요

이는 소싯적 아들에게
외팔이 드래건 줄거리 들으시다
주인공으로 살라 이르시던 말씀과
일맥상통으로 주신 암시요 지침이라

주인공으로 살아 왔는가?
세상에 해 끼치는
악당 아니었음을 고마워하면서
그저 가느다란 희망 품고는 살았더라

주인공으로 살고 있는가?
머리 번잡할 적마다
시련 닥칠 적마다
다부지게 다지고는 살고 있더라

주인공으로 살아갈 것인가?
근래 들어 부쩍
울 엄니 애틋한 염원이
귓가에 윙윙거리며 들려온다

우리 아들도
주인공으로 살아 보렴

2018. 5. 14.

취로사업 　　　　　　　－ 울 엄니 83

고루 두루 우르르
다들 가난에 절어 살았지만
유난한 궁핍으로
정부 보조 받던 이름 영세민

나라마저 곤궁하니
육성회비 지원이나
교납금 뒷바라지 엄두 못 내고
밀가루나 보리쌀 지급이 고작

그마저도
눈 치우기나
사방공사처럼
일하는 대가로 주어졌다

오늘은 아들이
취로사업 나가 보렴

칠육 년 이 월
어느 월요일 아침
단출한 식사 마치니
울 엄니 삽 한 자루 내미신다

시외버스터미널에서
영랑호 거쳐 장사동 어귀까지
아스팔트 없이 벌이는

도로 확장 공사

국민학생인데 받아줄까?
소년 긴가민가하며
삽자루 어깨에 메고
집 근처 공사장으로 자박자박 나갔다

다들 요리로
쫄로리 모이 봐요

까만 염색 군복 작업반장
취로사업 나온 명단
일일이 확인하고
바닥 고르는 일 지시한다

십 대 후반 서넛 제외하곤
다들 오십 대 이상 어른들
막상 일 시작되니
반장 눈치 보며 거반 농땡이질

한 삽 뜨고 먼 산 보고
두 삽 뜨고 담배 물고
반장 눈 부라림에도
시종일관 시간만 때웠다

학생인가?

삽질 잘 하는구만

텃밭 일구던 능란한 솜씨
씨름꾼 넉넉한 덩치로
삐질삐질 땀 흘려도
한 땀 한 땀 열심 기울이니

너무 어린 탓에
퇴짜 맞지 않을까 하는
공연한 우려는
외려 벅찬 찬사가 되고

어른들 칭송에
시간 가는 줄 모르고
열중하다 보니
금세 전신은 먼지에 땀투성이 됐다

거 재미있네
다시 한 번 해봐

점심식사 시간
삽 날 세우고 올라타
하늘로 콩콩 뛰고 노니
작업반장 눈 샐쭉 일그러진다

삽자루 길이와

날의 강도 탄성으로 미뤄
삽 타고 놀기엔
육 학년이 가장 적절한 덩치

누구였을까?
삽 타고 노는 걸
스카이콩콩으로 변모시킨
걸출하고 훤칠한 훗날 사업가는

미련스럽다 하겠지만
그래도 잘 했다

뺀질거리는 농땡이꾼 이야기
전해 들으신 울 엄니
이미 알고 있다며 삼삼히 쐐기 박으셨고

소년 서른 넘길 즈음에야
미련스러운 일 잘 한 일
그나마 헤아려 분별할 수 있었으나

그 후로 오래도록
환갑 코앞에 두기까지
미련스러운 일 줄곧 떠안고 살았다

너희도 아빠처럼
취로사업 한 번 나가 볼래?

깜짝 놀라며
요즘 그런 학생 어디 있느냐고
볼멘 소리하는 아들 보며 몽롱 자문한다

큰 욕심 부리지 않는다면 먹고 살만한 세상
취로사업 나간 소년
삽 날 타면서 행복 가득했는데

취로사업도 하지 않는 요즈막 아이들
스카이콩콩 넉넉함으로도
불행하다고 울부짖는 연유 무엇인고?

그때나 지금이나 번연한 농땡이질
삼가든 일삼든
얼마든지 잘 살 수 있을 것인데

2018. 5. 21.

허리케인 죠   – 울 엄니 84

후후
불태웠어
아주 하얗게

검은 사각 링 한쪽 귀퉁이 하얘진 머리칼
고개 숙인 허리케인 입가에
엷은 미소가 흐르고 있었다

타이틀매치 마지막 라운드까지 만신창이로 벌인 투혼
아주 긴 찰나
영혼이 하얗게 타오르며 숨이 잦아들고 있었다

죽으면 안 되는데…
오 학년 소년 뼛속까지 뒤흔드는 몸서리
칠공 년대 권투만화 허리케인 한 장 한 장 숨죽이고 넘겼다

길창덕 꺼벙이
신동우 소년 박문수
이인혜 알프스 소녀 하이디

즐비한 어린이 만화
작가 이름 줄줄 외우리만치 틈틈이 즐겨 보았으나
링에서 죽어가며 허리케인이 남긴 대사 한마디는

팔공 년대 명작 드라마
나 떨고 있니?

모래시계 엔딩 장면에 버금갔다

소년 대학 다닐 적 허영만 아들 과외하다가
만화 허리케인에 관해 들으니
가지와라 잇키 원작 지바 데쓰야 그림 제목은 허리케인 죠

당시 이천만 부가 팔린 전무후무한 히트작
이후 애니메이션으로도 인기몰이

고아로 자란 반항아 허리케인
감옥에서 프로복서로 나서 챔피언 길 굳세게 도전하다가
목숨 위험하다고 말리는 사랑하는 연인 향해 다짐하듯 외쳤다

불완전 연소된 인생 살고 싶지 않아
짧은 순간일지라도 뜨겁게 살고 싶어
그 후엔 새하얀 재만 남는 것이거든

그러고 나서 벌인 경기
처절히 부서져 죽어가면서
새하얗게 태웠노라 이르는 독백

남김없이 가는 게
축복이지

구이 년 가을 아바이 제사 마치고
조카들에게 허리케인 이야기 들려주는데

잠자코 듣던 울 엄니 불쑥 나서신다

눈 동그랗게 뜨는 아들에게
허공 바라보시며
울 엄니 재차 이르신다

하늘 가는데
무얼 갖고 가겠니?
다들 미련스럽게 구는 거지

그로부터 서른 닷새 뒤 교회 가시던 울 엄니
홀연히 하늘나라 가셨다

그렇게 가시던 날 아들 머리는 아픔에 겨웠지만
울 엄니 몸은 가족 축복 속에
재만 하얗게 남기셨다

지금 어느 것에 나를
하얗게 불태우고 사는가?
끝내 이럴 수 있기를

후후후
불태웠어
아주 하얗게

2018. 7. 23.

째복

— 울 엄니 85

고추장 풀어 끓이는 장칼국수가 유명하다는
북적이는 속초중앙시장 설악칼국수

선배들과 함께 한 어스름한 오찬
청양고추 담뿍 얼얼한 맛

째복이 들어갔네
그래서 국물이 시원하군

선배 한 마디에
가물거리던 추억 새록새록 피어오른다

어릴 적 앞바다 자맥질로 건져 올린 째복
섣부른 해감에 이빨은 자작자작

청양고추 넣어 냄비에 끓여 내던 울 엄니 째복은
금시에 사골국물처럼 뽀얗게 우러났건만

누가 정했는지 몰라도 표준어로는 비단조개란다
째복은 동해안 토종 사투리

째복 물회
째복 순두부
째복 비빔밥

지금은 다양한 메뉴로 개발돼
외지인 관광음식으로 제법 짭짤한 인기 구가한다

얼마 전 먹던 장칼국수
벌어지지 않은 째복 많아 먹지 않고 건져 놓으니

마주 앉은 선배 지그시 웃으며
아우님 째복은 잘 안 벌어지나 보네 하신다

전 골라 먹어요
스스로 벌리는 조개만

농 섞인 들척지근한 답변에
선배 짓궂다 하시며 점잖게 한마디 보태신다

안 벌어지는 건
죽은 조개야

어릴 적 벌어지지 않은 조개 강제로 벌리면
살 대신 시커먼 모래만 가득 쏟아졌다

왜 죽은 조개는
끓이거나 삶아도 아가리 벌리지 않는 걸까?

성인 되도록 품었던 이 궁금증은
열 반응 때문으로 결론났다

열 가하면 열 뱉고자
아가리 벌린다는 것

그러니 죽은 조개는
아무리 열 가해도 벌릴 줄 모른다는 것

처한테 잘해 줘라
마음 닫히지 않게

결혼한 지 오래잖아 소소한 갈등 겪는 아들에게
울 엄니 차근히 어리석음 깨치셨다

째복 넣은 장칼국수 먹으며
조개를 보고 사람을 본다
몸을 느끼고 마음을 느낀다

조개든 사람이든 열 가해야 벌리는 법
몸이든 마음이든 열 가해야 열리는 법

심지어 얼어붙은 세상마저
때론 따뜻하게 때론 뜨겁게
열 가해야 열리게 마련

째복이 준 열림의 가치
울 엄니가 주신 열림의 지혜
이제부터라도 따사로이 보듬고 살아야 할 진저

2018. 8. 2.

갯배

– 울 엄니 86

공산당한테 다 뺏기구서리
속초로 피란 내레 왔디

앞으로는 동해 뒤로는 청초호
그 사이 남북으로
일 킬로미터 남짓 길게 뻗은 백사장

척박한 모래벌판 아무도 살지 않던 이곳에
처음 똬리 튼 것은
육이오 전쟁으로 월남한 실향민들

사연도 모르게 벌어진 이념 싸움
머슴이 지주 땅 차지하는 변란(變亂)
끝내 전쟁으로 이어져 고향 등졌다

땅이 없으니깐두루
모래사장에 집을 딧디 않았갓서

육로로 해로로 구름처럼 내려와
차지하기 만만한 땅에
손바닥만한 움막 짓고 지내며

머잖아 돌아가리라 믿고
명태 오징어 잡거나 냉면 팔아 견디다
도리 없이 잔뜩 패래 가정 꾸렸다

아바이들 모여 산다는 소문에
무려 오만 실향민 속초로 밀려들고
그 중 오천 명이 청호동에 정착하면서 아바이 마을이 됐다

코앞에 빤히 보이는데
십 리를 돌아서 댕길라니 애가 말랐디

물고기 팔아 쌀보리 구하고 반찬 꾸릴 농산물 사러
오 킬로미터 청초호 한 바퀴 돌아야
삼구시장 갈 수 있었던 아바이들

누군가 언젠가
청호동과 도심 사이 폭 오십 미터 수로에
쇠줄 늘어뜨린 무동력 갯배 띄웠다

아바이건 새끼건 간나건
갈고리로 쇠줄 암팡 걸고는
갯배 손수 잡아끌며 물길 건너 도심 오갔다

요새야 재미로 타고들 댕게도
그땐 마카 요긴한 교통수단이었디

갯배 건너는 삯은 눈깔사탕 서너 개 값
일 원에서 이 원으로
다시 오 원에서 십 원으로

고향 그리움만큼 갈수록 불어나
지금은 편도 오백 원
속초사람은 배려로 공짜

납작보리 실은 짐자전거 끄는 아바이
명란 창란 바리바리 싼 보따리 인 아주마이
호크 풀어 헤친 까까머리 중고생 다들 갯배 탔다

고향 가는 갯배라도 있으문 얼매나 좋갓나
조래 쫄로리 타고 갈 수 있디 않갔어?

꿈에도 그리던 이북 고향 땅
목전에 두고도 가지 못한 울 아바이
남바리 마중 나가면 샐쭉한 눈으로 갯배 응시하다

소주 한 잔 걸치고는 야속한 단식 쏟으며
이북에 두고 온 어머니와 처자 향해
불효자는 웁니다 흥얼거리며 울먹이셨고

이듬해 결핵으로 피 토하고
울 엄니 극진한 정성 뒤로 한 채 이승 마감하니
슬하 자식들 아바이 심중 모르고 슬피 울었다

고향에 처자까지 두고 온
아바이 아픈 가슴을 누가 알겠니?

장성하여 서른 갓 넘긴 어느 봄날

한식 맞아 묘소 들렀다가
아들에게서 아바이 얘기 들으신 울 엄니 쓸쓸해 하셨고

아바이 세상 뜨신 그 나이 코앞에 두고
수십 년 만에 갯배에 오르니
습습한 바닷바람에 가슴은 애잔하였다

소주잔 기울이며 가슴 쓸어내리던
아바이 퀭한 얼굴 잠시 떠올려
칠십 년 오간 갯배 악착같은 쇠줄을 본다

청호동과 도심 잇던 쇠줄은
아바이들 외로운 마음과 마음 잇고
아바이들 실향 아픔과 간나새끼들 궁핍 잇다가

아바이 마을과 함경도 고향 잇고
아바이들 떠나고는 남과 북 잇고
고단한 삶과 회한어린 죽음 잇고

끝내는 삐거덕 삐거덕
이승 뜨신 아바이들 진혼곡을 울리고 있었다

2018. 8. 15.

폭풍전야   - 울 엄니 87

창문 잠그고
밧줄 걸고 차량 옮기고

육 년 만의 태풍 소식에
그끄제부터 나라가 온통 들썩인다

거센 바닷바람 흩날리는 빗줄기
으스스한 폭풍전야

짙은 어둠 내리도록 마음 짠한 술을 따라
오리바위 거센 파도를 굽어본다

한 잔 또 한 잔
먹구름 차츰 두텁고 빗줄기 갈수록 무겁더니

두 잔 또 두 잔
파도는 바람에 휩쓸리고 바람은 시간에 섭슬리더니

석 잔 또 석 잔
빛은 어둠에 내몰리고 어둠은 술기운에 떠밀리더니

쉬잉 꽈르르르
광풍이 날뛰기 시작한다
부글 부르르르
바다가 끓어오르기 시작한다

아아 그 때도 그랬다
육팔 년 시 월 눈에 가물거리는 폭풍전야

궁핍의 시절 일곱 살 눈동자
무섭게 부글거리던 바다

회오리치던 바람과
미친 호우에 뒤틀리던 거대한 물결

왠지 모를 후련함 뒤로
맞닥뜨린 이튿날 상흔은 참혹했다

모두가 잠든 한밤중에
돌연 밀어닥친 해일

그토록 잔인하게 휘몰아칠 줄
그 누가 알았으랴

무수한 사망자 끝 모를 이재민
와장창 박살난 선박들

절망 속에선 아픔이 스멀거리고
고요 속에선 통곡이 흐르고
허덕임 속에선 굶주림이 번졌다

그로부터 반세기 세월

다시 마주한 폭풍전야 고향 바닷가

이제 잠시 후
비바람 피해 자리 떠나야할 터

오십 년 전 그날
서늘한 추억 꺼내들고 거나하게 한 잔 한다

저승 머무는 이들과는
위로의 술잔 해원의 술잔

이승 사는 이들과는
용서의 술잔 화해의 술잔

다시 보지 않을 이들과는
만끽의 술잔 이별의 술잔

해일에서 아들 구하신 울 엄니와는
감사의 술잔 그리움의 술잔

2018. 8. 27.

파도 　　　　　　　　　　－ 울 엄니 88

때로는 호수처럼 잔잔하게
때로는 범처럼 사납게
억겁의 세월을 치고 또 쳤으되

여섯 살 소년이 처음 파도 마주한 것은
느지막한 밤 자활촌에서
등대 중턱으로 이사하던 날이었다

아바이 뒤를 따라 해안가 걷던 아들
어둠 속에서 굉음을 내며
하얗게 부서지는 파도가 사뭇 두려웠다

동생 데리고 나가
바다 구경 좀 시켜주렴

울 엄니 다정스런 말 듣고
이튿날 새벽 육 학년 형을 따라 나선 바다
파도는 그윽이 고요하고 잔잔하였다

동네 마당 크기 즈음으로 상상하던 바다가
그토록 광활한 줄 어찌 알았으리
그토록 많은 물고기 품은 줄 어찌 알았으리

친구 하나 없는 낯선 바닷가
몇 달 뒤 세를 얻어 간 곳은
나중 육 년을 함께 다닌 같은 반 일용이네 옆방이었다

엄마가 바쁘니까
동생 좀 봐 주거라

아바이 어부 생활은
그물 추리고 보망하는 격무로
울 엄니 눈코 뜰 새 없었고

소년 걸핏하면
세 살짜리 여동생 손잡고
인근 뱃공장 영금정 바닷가로 쏘다녔고

파도가 거세게 일거나
고기잡이 신통치 않아
배가 나가지 않으면 또래들과 파도를 즐겼다

파도가 치면 위험하니
조심해야 한다

울 엄니 사전 경고 도대체 귀에 담지 않고
분방하게 놀던 소년에게
파도는 그저 친근한 벗이었다

파도에 밀려온 도루묵 알 줍고
갈고리 던져 미역 건지고
등짝이 새까맣게 타서 피부 벗겨지도록
여름이면 해수욕에 시간 가는 줄 몰랐다

일곱 살 가을 밀어닥친 해일에 야간 피난을 가면서도
파도가 두려운 줄 모르던 소년
친구의 죽음으로 잔뜩 긴장하게 됐다

옆집 사는 운종이가 죽었다
바닷가 나가지 말고 집에 있거라

파도가 마당까지 밀려들던 칠이 년 여름 어느 날
바닷가에서 놀던 동급생
파도 피해 들어간 빈 집이 무너졌다

죽은 친구 형이 가마니에 둘둘 말아
리어카에 싣고 시신 묻으러 가던 날
숨어서 지켜보던 소년 가슴이 미어졌다

며칠 계속된 비바람 동반한 파도는
집 근처 공중화장실을 박살내
주변을 똥 천지로 만들고야 고요히 잦아들었다

동생 데려 오렴
젖 줘야 하니까

고교생 되고야 알았지만 바다는
명태 오징어 주는
우리 가족의 거대한 젖줄이었다

거기서 나는 젖이 풍부해야
여섯 남매 자랄 수 있었으니까
반면 파도는 젖을 구하는데 큰 장애였다

새벽마다 라디오 일기예보에 귀 쫑긋 세우다가
파랑주의보 며칠씩 발효되면
끼니 걱정에 아바이 탄식 한없이 길어졌다

파도가 치지 않았으면 좋겠어요
그러면 파랑주의보도 없을 거잖아요

배가 나가지 못해 닷새 만에 건져 올린 그물
명태 모조리 상하고 악취 진동해
사 학년 아들 아바이 향해 이렇게 종알대니

파도가 어째 안 치갓니?

그물 추리던 손 놓고
물끄러미 바라보고는
어이없음에 이렇게 반문하셨다

있을 수도 없고 가능하지도 않은
곤궁에 겨워 마구 지껄인
헛되고 야무진 국민학생 상상

돌이키면
모두가 추억이 아닐쏜가?
이따금 옛 추억 떠올리며 바닷가에서 자문한다

바다에 파도가 없다면 얼마나 삭막할까?
인생에 파도가 없다면 얼마나 건조할까?　　　2018. 8. 30.

애가 말라 죽겠네 　　－울 엄니 89

기름 많이 먹어라
그래야 기운 차린다

애 기름 넣은 수제비 내시며
울 엄니 아들에게 이르셨다

명태 애를 프라이팬에 넣고
연탄불에 푹 끓여 거기서 종일 추출한 애기름

수제비 끓일 적 감자와 더불어 넣었지만
느끼한 맛 싫어 입에도 대지 않았다

애 때문에
애가 말라 죽겠네

애 넣지 않은 수제비 별도로 끓여 내시며
울 엄니 답답함에 눈 흘기셨다

다섯 살 무렵 집에서 기르던 송아지 병들어
동네 어른들 도축해 고기 나눠 먹던 날

시래기 국에 선지 넣어 끓여 낸 국밥
송아지 잃은 슬픔 겹쳐 이후 고기 비린내 줄곧 맡지 않고 살았다

두부찌개 끓였는데
좀 먹을래?

명태바리 나가시는 아바이
네 시 새벽밥 드실 때 잠에서 깨니 이렇게 물으셨다

두부라는 말에 귀 솔깃해
한 숟가락 담뿍 떠 입에 넣으니 느끼하고 비린 맛

울 엄니 호호호 울 아바이 껄껄껄
그걸 먹어야 씨름할 때 힘쓴다 하신다

중이 고기 맛을 알면
절에 빈대가 남아나지 않는다

이 고약한 속담 소년에게 찡콩
이후 이제껏 애 애호가로 산다

역겹던 배릿한 맛은
언제부턴지 고소한 맛이 되었고

지금도 생태탕 먹을라치면 애 당부하고
추가 지불에 주저함 으레 없어졌다

1 애는 창자
2 애는 간을 뜻하는 함경도 방언

수십 년 흘러
속초 사투리 정리하느라 국어사전 뒤지다 고개 갸우뚱

언어가 세세히 분화되기 이전
간이나 창자를 가리켜 애라고 두루 혼용했다손 치더라도

애를 함경도 사투리로 치부하는 건
서울말 중심으로 어휘체계 잡으려는 국어학자들의 오만

애는 창자라기보다
간으로 봄이 타당하지 않은가?

간이 타들어 가는 듯하면 애타다
간이 끓어오르는 듯하면 애끓다

장이 타거나 끓지 않을 것이니
즐겨먹는 명태 애나 사람 애간장이나 간 아닐쏜가?

국어학자들 주장에 애 먹고 자란 소년
간이 마르는 듯 답답할 뿐이다

애가 말라 죽겠네

2018. 9. 11.

망선배   - 울 엄니 90

올해도 마이 잡아야
겨울 나디 안캇음둥?

추석 지나 날 선선해지면
울 아바이 망선(網船) 타셨다

그물로 명태 잡는 명태바리 배는
본디 망선이지만 아바이들은 망선배라 불렀다

새벽 세 시 반 일어나 새벽밥 드시고
네 시 통행금지 풀려 부두로 향할 때

아바이 끄는 리어카에는 그물 서너 채
됫병 들이 소주 한 병이 실려 있었다

아바이 쓰는 그물은 이른바 자망(刺網)
사각 그물코에 명태가 찌르듯(刺) 걸리거나 감긴다고

걸그물이라고도 하는 자망을
명태 진행 방향 가늠해 길게 가로로 쳐 놓으면
그물코보다 작은 물고기는 빠져 나가고 명태만 걸린다고

바다 밑에 그물 활짝 펼치려면
아래쿠세에는 큼지막한 망선돌 매달고
우쿠세에는 부력(浮力) 좋은 떼를 달아야 했다

이 놈들은
덤으로 걸레들었디

그물에는 명태 외에
홍게와 참골뱅이도 잡혔다

홍게와 참골뱅이는
그물에 걸린 명태 먹으려다가 걸려드는 덧거리

잡힌 홍게는 금방 죽지 않고
집게다리로 마구 씹어 그물 심각하게 훼손시키는데

그물이야 망가질지언정
살 오른 홍게와 참골뱅이는 별미 중 별미

양동이에 가득 삶아 내면
소매 걷어붙이고 양껏 먹었다

동생이랑가
보망실 좀 감아 두렴

대나무로 만든 바늘대에
보망실 쟁여 훼손된 그물 깁는 보망(補網)

보망실 준비는 아들 몫
동생 양 손목에 실타래 걸어 벌리고 둥글둥글 풀어 뭉치 만들었다

보망은 대개 아바이들 몫이었으나
울 엄니 눈썰미로 탁월한 실력 발휘하셨다

보망 아주 잘 하는 동네 몇몇 고수는
늘씬한 바늘대 갖고 다니며 짭짤한 수익 올렸다

그물 끼잡아 올릴라문
엄청나게 힘들디 안캇어?

출항한 망선배는
이틀 전 설치한 부표(浮標) 찾아 한 시간 남짓 운항한다

부표에 묶어 둔 밧줄 당기면 그물 순순히 따라 오르나
인력만으로 불가해 기관실에 달린 토시를 쓴다

토시는 사이드 드럼으로
기관실 엔진 힘으로 돌아 여기에 그물 걸면 회수가 수월하다

한 두름이 스무 마리 한 바리가 백 두름
스물다섯 바리 잡으면 만선 깃발 올린다

그물 치는 건
정말 조심스럽디 고럼

명태 나는 곳은 수심 사백 미터 청정수역
이 곳에 그물 설치하는 일은 만만찮다

오륙백 미터 길이로 그물 서로 잇고
엉키지 않게 펼쳐 물속에 투하해야 한다

보통 한 시간 남짓 설치 끝나면
자기만의 표지 부표 띄운다

망선배 어부들
부표 색깔만 보아도 뉘 집 망선배 어장인 줄 감별한다

배 들어오는지
잘 좀 살펴 보거라

아바이 명태바리 여념 없을 시각
울 엄니 보망하시다 이튿날 쓸 그물 준비 마칠 즈음

학교 수업 마친 아들 부둣가에 모습 드러내면
으레 아바이 배 들어오는지 살피라 하신다

저건 자력호예요!
저 배가 중보호예요!

오후 서너 시쯤 아낙들 소년 곁에 쫄로리 줄을 선다
수평선 눈곱만한 어선 척척 알아맞히기 때문

소년 외침에서 남편 배 이름 나오면
아주마이들 갑자기 분주해지기 시작

만선 여부 묻기도 한다
빨강 파랑 노랑 깃발 펄럭이고 갈매기 배 위로 날면 만선이다

이 봅세
단다이 걸기요

망선배 옆으로 접안하면서 배 앞뒤에서 로프 던지면
소년 또래 두 꼬맹이 냉큼 받아 고리에 건다

곧이어 명태 걸린 그물 하역
남편이 뭍으로 내주면 아내가 건네받아 판장에 쌓는 방식

그물 내리노라면 명태 심심찮게 바다에 추락하고
꼬맹이들 잠자리채 모양 뜨개로 앞 다퉈 낚아챘다

명태 벗기는 아주마이들
그물 주위에 몰려들어 한 시간이면 그물 따로 명태 따로

아바이들 양 손에 두 마리씩 쥐고 세알라
수협에 넘기고는 구멍가게로 달려가 대포 한 잔

우쿠세 좀 잡거라
그물 추리고 얼른 집에 가야지

우쿠세 아래쿠세 배배 꼬인 그물
우쿠세 잡고 서면 울 엄니 그물 꼬임 풀어낸다

등에 동생 업고 우쿠세 차곡차곡 받아드노라면
뼛속까지 시려오는 손 미간 찌푸리다가

사 홉 들이 경월소주 단박에 들이킨 아바이
휘적거리며 나타나야 해방이다

이 걸로
호떡 바까 먹어라

수고 대가는 명태 두 마리
쪼르르 들고 가면 아줌마 호떡 두 개 주시고

흥성스러운 부둣가 땅거미 짙어지면
상인들 어둠 밝히려 카바이트 등에 불을 붙인다

명태 주고 바꿔 먹는 달콤함 스르르 녹고
뒷맛 아쉬움에 입술 쪽쪽 핥고 빨기 예사

며칠에 한 번씩
고생 무릅써도 부둣가 찾는 재미 듬뿍한 이유다

애기 이리 줘라
집에 가야지

햇아 울 엄니 등으로 옮아가는 동안
아바이 이튿날 쓸 그물 리어카에 실으신다

명태 파치 비롯해 홍게 골뱅이 잡어 수북한 다라이
리어카에 실리면 비로소 집으로 출발

아바이 앞에서 끌고 아들 뒤에서 밀고
울 엄니 뒤따르는 동안 달빛은 호젓했다

얼른 세수해라
밥 먹어야지

구공탄 위에서 김 모락거리던 물로
세수하고 발 씻는 사이 울 엄니 연탄불에 밥 지으신다

납작보리 삶아 지은 꽁당보리밥은
큼지막한 스뎅 밥그릇에 고봉으로 담겨 나오고

싱싱한 명태에 무 넣고 끓인 맑은 명태국은
아바이처럼 고춧가루 반 숟가락 뿌려야 제 맛

밥을 국에 말아 훌훌 털어 넣고도 차지 않아
뒤이은 홍게 골뱅이까지 채우고야 배 두들겼다

오늘은 망선배
안 나가셨어요?

아침 나절 간간이 집에 계시는
아바이께 여쭈면 파랑주의보 내렸다 하신다

이런 날은 집에서 보망하시거나
선주 집에서 대낮부터 고주망태 되도록 술판 벌이셨다

이슥하도록 귀가하지 않으면
울 엄니 아들 보내 모셔 오라 이르시고

아바이 찾아 돌아올 적
비척비척 허적허적 바람찬 흥남부두 목청 높여 부르셨다

풍성한 망선배 명태바리는
설 사나흘 앞두고 회계 마치면서 끝이 났다

죽도록 일만 하다 가셨지
변변한 양복도 한 벌 못 입어보고

아들 서른 실 되던 해
아바이 기일 맞이한 울 엄니 향 피우시며 읊조리셨다

언젠가 돌연 고향바다에 명태 사라지니
하릴없이 망선배도 자취 감추었다

그리고 망선배처럼 돌연
칠칠 년 울 아바이 구삼 년 울 엄니 사라지셨다

가끔 기억 저편에서 조각조각 하늘거릴 뿐
모두 가뭇없이 사라지고야 말았다

2018. 9. 16.

숨비소리   - 울 엄니 91

휘~요
휘~익

바다 한 가운데
적막을 깨고 울리는 숨비소리

고개 돌리면
큼지막한 수경 낀 해녀 가쁜 숨 몰아쉰다

두렁박에 매달려 잠시
숨 고르는가 싶더니 이내 자맥질

물속에 들어가서는
좀체 나올 줄 모른다

입수와 동시에 숨 멈추고 기다려 보지만
네 차례나 숨 쉬고야 해녀 휘파람 소리 들을 수 있었다

어쩌면 저리도
소리가 고울까?

숨비소리 흉내 내 보지만
입술 비집는 소리 피식거릴 뿐이다

힘이 들어서
내는 소리란다

흉내 보시던 울 엄니
아들 향해 찬찬히 이르신다

말뜻 헤아린 것은 고교시절
우연히 보게 된 텔레비전 프로그램 덕이었다

판소리 득음(得音)하려고 폭포에서 피 토하도록 노래하고
퉁퉁 부은 목 가라앉히려 똥물 먹었다는 명창 박동진

세상에
거저 주어지는 게 있다더냐?

불이 거셀수록 도자기 빛깔 곱듯
십자가 처절한 고통 뒤 화려한 부활 있듯

힘듦 속에서 숱한 고통 이겨 내고야
숨비소리 그토록 고왔으매 눈가 촉촉이 젖어들었다

세상살이 버거울 적마다
울 엄니 산뜻한 음성 떠올리며 산다

소리가 이쁘지?
힘들어 내는 소리야

2018. 9. 27.

젊은 엄마 　　　　－ 울 엄니 92

호호 고 녀석
젖이라도 줄까?

영금정 바닷가
바위 틈새 불턱에

옹송그리고 앉은 삼십 대 중반 해녀
검정 무명옷으로 지은 잠수복 갈아입을 적

꼬맹이 눈에 비친 포동포동한 젖가슴은
아이 여섯 낳은 울 엄니 늘어진 젖보다 퍽 예뻤다

물끄러미 바라보노라면 옷 갈아입던 여느 해녀들
호기심 가득한 꼬맹이 향해 젖 움켜 내 보이며 짓궂게 놀렸다

대개는 오십 대 중반이었으나
유난히 젊은 해녀는 어느 해녀의 딸이었다

젖 안 먹어요
전 애기 아니에요

소년 씩씩거리며 눈 부릅뜨고 대꾸하면
허리에 납돌 매달며 재미있다는 듯 시시닥거렸다

그물자루 매달린 테왁 하나씩 들고
모두 바다로 나가면 먼발치에서 숨비소리 즐겼다

큰 것은 망태에 작은 것은 조래기에
두어 시간 물질 후 그물자루에는 성게 해삼 전복 가득

누군가에게 팔아넘기고
해녀들 다시 불턱에 모였다

얼른 집에 가서
엄마젖 먹어라 애기야

다들 모닥불에 차가운 몸 데울 적
이번엔 젊은 해녀가 애기 젖 물리고 놀렸다

저는 애기 아니라고요
시근덕거리며 집에 돌아오는 길

울 엄니 젖은 왜 이쁘지 않은 걸까?
울 엄니는 왜 나이가 많은 걸까?

한 살짜리 막내 보듬은 울 엄니
늘어진 젖 물린 채 곤히 잠들어 있었다

전쟁 통에
니 아부지 만났으니까

고등학생 시절 소상히 들은 내막은
남편이 공산당 활동하다 유복자 하나 남기고 월북했고

지인 소개로 울 아바이 만나
아들 둘 낳고 서른넷에 소년 낳으셨다

그러고도 삼 년 터울로 딸 셋 더 낳았으니
막내 동생 기억에 엄마는 늘 쉰 살 이후 모습이었다

게다가 아바이 수발하느라
주름까지 오글거리니 늙어 보일밖에

고맙네
젖이 참 이뻐서

소년 결혼하고 맏딸 물린 젖 보니 얼마나 곱던지
나지막이 속삭이니 연유 모르는 아내 살포시 얼굴 붉혔다

풍속 바뀌어 다들 늦어진 결혼 연령
늙은 엄마 보고 살아야 하는 아이들 은근 안타까우나

예쁜 젖 먹고 자란 울 맏딸 스물네 살에 젖 물렸으니
훗날 손주 녀석이 그 마음 알까 몰라도

더없이 고마울밖에
더없이 고마울밖에

2018. 9. 27.

망가진 도시락 　　　- 울 엄니 93

또 거기야?
제발 다른 데 좀 가지

해마다 봄가을
초중고생 즐거운 소풍을 간다

허례허식 없애라며 근검절약하라며
수학여행은 못 가게 했어도 소풍은 단 한 번 취소된 적이 없다

행사 치르는 학교에서 수월찮이 고심했겠지만
소풍 장소 발표되면 아이들 일제히 얄팍한 야유 보냈다

따가운 햇볕 피할 수 있는 곳
대규모 인원수용 가능한 곳
걸어서 이동해야 하는 곳
고르다 보니 해마다 만만한 곳

색다른 장소 기대했던 아이들 입 뾰로통해 투덜거리지만
마땅히 갈 만한 곳 찾기 여간 어려운 게 아니었으리

영랑국민학교 단골은 호수 인근 보광사
너른 숲 우거져 아이들 숨바꼭질 노래자랑 무난했으니까

학년 별로 옹기종기 학급 대항 한바탕 노래자랑
누구든 학급 대표로 나가기만 하면 공책 연필 선물로 주어졌다

쌀밥이니
맛나게 먹어라

소풍날 아침 울 엄니
환하게 도시락 건네신다

고놈의 배고픔은 늘 천덕꾸러기
봄가을 마침 흉어기 도시락 못 챙기는 소풍 다반사

이 학년 봄 소풍 날 울 엄니 애써 마련한 쌀로 밥 지어
바삭바삭 얇은 나무도시락에 짠지와 함께 넣으며 다독이셨다

짠지는 김장철에 늦봄까지 먹을 요량으로
쉬이 시지 않도록 짜게 담가 땅속 깊이 묻어 둔 김치

짜다 못해 쓴 짠지 끼니때마다 툴툴거렸으나
물에 말아서라도 휘뚜루마뚜루 먹어야 했다

비닐봉지 없던 시절 보자기로 싼 일회용 나무도시락
옆구리에 꿰차고 달뜬 기분으로 소풍 길 나섰는데

소풍 기분 내느라 먼 길 돌아 보광사 숲 당도하니
보자기 퀴퀴한 김치 냄새
그마저도 노래자랑 나간 사이 짓밟혀 있었다

도시락 먹고

다시 모여라

오전 노래자랑 끝나고 점심시간
몇몇 학부모 찬합에 싸온 도시락 펼치니

계란말이 김밥 생선구이
왕의 밥 황후의 찬 넘쳤다

밥 먹기 적당한 소나무 뿌리에 걸터앉아
나무도시락 여는 찰나 걱정한 대로 실상은 참혹했다

와자작 부서진 것도 모자라 밥과 김치 너더분 짓이겨지고
한 젓가락 입에 무니 모래가 지금지금

도시락 보자기 누가 밟았는지 부글부글
한동안 부아가 끓더니 닭 똥 같은 눈물 뚝뚝 떨어졌다

배고픔도 배고픔이지만 오랜만에 쌀밥 기대
송두리째 무너지니 더없이 서운하고 서러웠다

왜 우니?
무슨 일이야?

아들과 도시락 먹고 산등성이 내려오던 삼십 대 아줌마
소년 손목 다짜고짜 잡고 데려가니 담임 김밥 도시락 내미셨다

꾸벅 인사하고 받은 난생 처음 김밥 사이다
난데없이 찬란한 호사

점심 다 먹은 꼬맹이들
매점에서 사이다 환타 와글거리며 사 먹는 동안

눈부신 김밥 사이다 먹기 아까워
조심조심 심장 졸였으나 순식간에 뱃속에 투하되었다

머리는 왈강달강 가슴은 두근두근
그날 오후 어떻게 보냈는지 종잡을 수 없는 무지근함

쌀밥 먹지 못한 미련인지 울 엄니 향한 송구인지
김밥 사이다 감격인지 분간할 수 없이 쓰라린 기분

아빠
김밥 드시겠어요?

하찮은 음식으로 전락한 김밥 사이다
아들 성화에 끄덕이니 감회가 새롭다

요즘 아이들 소풍은 용돈 주는 게 대세
몇 푼 쥐여 주고 김밥 도시락 분식집에서 사주면 그만

귀갓길에 노래방 들러 맘껏 시글거리거나
피자 햄버거 콜라 즐기며 끼리끼리 수다 떠는 게 낯익은 풍경이다

넘쳐 나는 먹을 거리 모자람 없는 마실 거리
영양 과잉으로 거들먹거리는 두두룩한 살집

제아무리 못 살아도 먹고는 사는 세상
지나친 섭취로 피둥피둥 들떠 살지라도

어찌 견주랴
고봉으로 담은 쌀밥에 깃든 울 엄니 따스운 정성을
어찌 견주랴
짠지 얹은 도시락에 스민 울 엄니 깊은 손맛을

2018. 9. 29.

광포화약   - 울 엄니 94

사 학년이었으리라
점심시간 같은 반 꼬맹이들
운동장 귀퉁이에 도래도래 둘러섰다

승엽이 어깨 으쓱하더니
호주머니에서
헌데딱지 같은 새까만 화약 꺼내

껌 종이 내피 벗겨낸 은박으로 돌돌 말더니
딱성냥 그어 불붙이니 피시시식
가랑이 사이로 은박 갈피없이 날뛰고

형들 따라가 캐 온 광포화약이라며
자랑 늘어놓으니
아이들 얼굴에 부러움 줄줄 흘렀다

고교시절 알게 된 바
본디 바다였으나 모래톱이 가로막아
형성된 동해안 호수를 석호 또는 사호라고 부르는데

광포호는
속초 북쪽 경계 고성 최남단에 자리한
동해안 여덟 개 석호 중 가장 작은 규모

이 일대를 광포라 하고
땅바닥 헤집어 캐온 화약을

꼬맹이들은 광포화약이라 불렀다

나도 한 번 가서
잔뜩 캐 오리라

다부지게 마음먹고
기다리던 가을 어느 일요일
육학 년 이웃 형 따라 야심차게 광포로 출발했다

영랑동 장마당에서 웅종 성모 만나
모래기 지나고 용촌 거쳐
족히 한 시간은 걸었으리라

거무튀튀한 땅바닥
꼬챙이 들고 파헤치니
가무잡잡한 광포화약 이따금씩 한두 개 눈에 잡히니

파고 또 파고 캐고 또 캐고
줍고 또 줍고 쟁이고 또 쟁이고

급기야 손에 물집 잡히면서
얼추 한 시간 만에 스무 개 남짓 주우니
뿌듯함에 벅차오르는 가슴

승엽 그랬듯이
승엽 보란 듯이

이튿날 학교에서 화약 돌돌 말아 불을 지폈다

눈은 땡글땡글 어깨는 으쓱으쓱
가슴은 찌릿찌릿 기분은 우쭐우쭐

하지만 불 지피기 불과 다섯 차례
허무하리만치 화약 소진되니

오가느라 두 시간 화약 캐느라 한 시간
무려 세 시간 공들이고도
뽐내며 즐긴 시간은 달랑 오 분

시간 공력 투입 대비
만끽한 시간 너무 짧아 감질나도
힘겨운 줄 모르고 하하 깔깔 흥겹기만 했다

아바이 말씀
꼬맹이들에게 솔깃한 놀잇감 채굴장이
과거 포대 자리여서 장약 부스러기 나온단다

장난도 난리다
화약 함부로 다루다간 큰일 난다

광포화약 갖고 노는 아들 바라보며
행여 폭발물이라도 건드릴까 울 엄니 조마조마하셨으나
별반 사고 없이 추억의 책장에 고이 접혔다

요즈막 광포호 일대 무자비한 외래 생태 교란 동물
붉은귀거북 황소개구리 블루길
밑바닥 휘저어 토종 물고기 대책 없이 죽어간단다

여기에 외래 생태계 교란 식물까지
돼지풀 가시박 도깨비가지
호숫가 뒤덮고 지하수는 인근 쓰레기 매립으로 썩어간단다

추억의 책장은 펼치기만 해도
소년 가슴 뛰게 하는데
싱그러운 자취 이토록 사라져가니 애처롭기만 하다

오래잖아 손주 녀석 데리고
용천지랄하는 은박 불장난 한 번 해야겠다
광포화약 놀이터 훼손 말라는 노기(怒氣) 가득 담아

2019. 9. 30.

아카시아   – 울 엄니 95

국민학교 교사 뒤편
아카시아 나무 아름드리로 자라
동네 어른들에게 그늘 쉼터 주고
나뭇가지 매미소리 아이들에게 꿈 주었다

오월 하순 아카시아 꽃 하얗게 피면
교실까지 밀려드는 싱그러운 향기
이파리 살랑거리며 삼삼한 손짓
간간이 들려오는 먼 산 뻐꾸기 울음

반공일이거나 공일 또래들과 어울려
아카시아 숲에서 꽃잎 따 먹고
한 부대 가득 채워 집에 가져가면
울 엄니 밀가루 풀어 꽃전 만들어 주셨다

산길 걸을 때 이파리는 딱밤맞기 놀이 도구
이파리 달린 줄기 하나씩 쥐고
가위 바위 보로 이길 때마다
손톱으로 튕겨 한 장씩 떼어 내다가

먼저 열 장 다 뗀 사람이
상대 이마에 딱밤 꽈다닥
이마 벌게지도록 맞고 때리느라
인상 찡그리면서도 낄낄낄 자지러졌다

늦가을 새까만 씨앗 주워

한 움큼씩 담임께 제출했다가
이듬해 식목일 다시 배급 받아
도처에 널린 민둥산으로 갔다

꼬맹이들 자기 키 만한 삽 들고
담임 지휘 아래 산지사방 흩어져
신발 푹푹 빠지는 모래 비탈 오르내리며
서툰 솜씨로 열심히 땅 파 씨앗 심었고

척박한 땅 잘 자라는 끈질긴 생명력 덕에
가을 무렵이면 죽죽 줄기가 뻗었고
먼지 폴폴 날리던 황량하던 땅은
아카시아 이파리 이불처럼 야산을 덮었다

잎이 진 겨울 아카시아 나무 끝
쌩쌩 찬바람에 까치집 호젓하고
함박눈 가지마다 수북이 쌓여
새 날아 오를 적 눈가루 푸르르 날리고

꼬맹이들은 보광사 뒷동산에서
아카시아 휘추리 냉큼 잘라
빙구 송곳도 만들고
칼싸움 놀이 칼도 깎았다

동구 밖 과수원 길 아카시아 꽃이 활짝 폈네
하이얀 꽃 이파리 눈송이처럼 날리네

향긋한 꽃냄새가 실바람 타고 솔솔
둘이서 말이 없네 얼굴 마주 보면 쌩긋
아카시아 꽃 하얗게 핀 먼 옛날의 과수원 길

육 학년 가을 어느 날
KBS방송국 노래자랑 갔다가
두 손 모으고
과수원길 열창하는 여학생 보았다

꾀꼬리 같은 목소리
두 손 모은 단아한 자태
교과서에도 수록되지 않은 노래
알고 부르는 게 도통 신기하기만 했다

오직 한 번 보고 들었지만
그 노래 워낙 강렬해
고교시절 오르간 연주하며 익혀
그 후로 이제껏 변함없이 애창하고 산다

저 뿌리가
뼈를 관통한다더라

고교 일 학년 다닐 적
아바이 무덤 곁에
아카시아 나무 자라자
울 엄니 걱정스러운 낯빛 초조하였고

아바이 유골 관통한다는
섬뜩한 상상에
등골 서늘함 느끼며
땀 뻘뻘 뿌리째 뽑았으나

아들 훗날 기자로
산림청 담당할 적
울 엄니 깊다란 염려
모두 낭설임을 제대로 알았다

이름부터 엉터리
우리나라에서 자라는 나무는
느낌 썩 다가오지 않으나
아카시아가 아니라 아까시

우리나라 산림 망치려고
일본 놈들이 들여와 심었다느니
그래서 모조리 뿌리째 파내야 한다느니
소문 파다했으나 마찬가지로 맞지 않은 풍설

예쁜 소녀가 불렀던 아카시아 과수원길
즐겨 씹던 아카시아 껌
향기 맡으며 따먹던 아카시아 꽃잎
이런 추억을 모조리 도난당하는 기분

하지만 아까시는

일제강점기 산림 헐벗은 우리에게
육이오 전쟁 겪으며 민둥산만 남은 우리에게
울창한 숲과 달콤한 꿀 선사한 고마운 나무

불모지에서 삽시에 자라
홍수 토사유출 막고
민둥산 숲으로 덮어
곤충 벌레 짐승 살 수 있게 했으니까

양봉 본격화하면서
아름드리 한 그루마다
매년 아까시 꿀 한 통씩 베풀고
수분 도와 충분히 열매 맺게 했으니까

왜곡된 정보는
우리가 심은 아까시를
우리 손으로 잘라내는
어리석음 범하게 했다

게다가 아까시는
햇빛 충분해야 잘 자라는 양지식물
햇빛 부족해도 잘 자라는
음지식물에 시나브로 밀려났고

무성해 가는 숲에서 견디지 못하고
태풍에 뿌리째 뽑혀 말라죽기 예사였다

모든 게 지나가게 마련이라지만
아까시 쓸쓸한 퇴장은 못내 아쉬울 뿐이다

헐벗은 민둥산 손수 개척하고는
독재정권도 아닌 것이 물러나고 있으니까
이제는 역사책에서 간간이 보거나
대형 산불이 나야 일시 볼 수 있을 테니까

그나마 담담히 위안 삼는 것은
아까시는 사라질지라도
우리 가슴에 깊이 새겨진
추억만큼은 사라지지 않기 때문이다

한창 일어나 번성하다가
추억 속으로 사라진 아까시처럼
우리마저 누군가의 추억 너머로
허허로이 물러날 것을 알기 때문이다

2018. 10. 2.

자유교양 　　　　　－울 엄니 96

자유교양 할 사람
손들어 봐

오 학년으로 올라가고
불과 며칠 뒤
담임 지원하라 하신다

자유교육협회가 추천하는
교양도서 읽고 시험 치러
전국 최우수학생은 대통령상이란다

마땅한 신청자 없자
공부께나 하는 꼬맹이 호명
다섯 이름에 소년 들어 있으나

매달 이백 원 육성회비조차
제 때 내지 못하는 형편
책 살 일 두고 한숨만 밀려들었다

무슨 걱정 있니?
표정이 왜 그래?

사야 할 교양도서는
피노키오 신약전서 비롯해 모두 네 권
만만찮은 책값 두고 조심스레 눈치 살폈다

아무 걱정 없다 대답하고
예수 생애 다룬 신약전서
친구 책 빌려 먼저 읽기로 했다

변변한 책 한 권 없던 소년
스펀지 물 빨아들이듯
신약전서 이야기 속속들이 간파했으나

책 사 달라는 말 한 마디
끝내 하지 못하고
애먼 시간만 축내고 말았다

자유교양
그만하겠습니다

여름방학 직전 담임께 고하니
미간 일그러지며
따지듯 연유 캐셨고

집에 돈 없다는 말 차마 못하고
하기 싫다는 말로
뒷머리 긁적긁적 쭈뼛거리니

지휘봉으로 머리통 툭툭 치며
커서 뭐가 되려는지
한심하다는 듯 혀 끌끌 찼다

집안 경제사정 눈치로 알던 소년
머리 흑 쓰다듬으며
담임 주는 모욕 미래 각오로 대신 녹였다

이거 대신 읽을래?
똑같은 얘기거든

형편 잘 아는 한 친구
안쓰러웠는지
손바닥 크기 파란색 표지 책자 건넨다

크리스마스 날
동네 형 따라갔다가 교회에서 본
깨알 같은 글씨 빽빽한 신약성서였다

누가 누굴 낳고
또 누가 누굴 낳고
누가 누군지 모를 엄청난 사람들

폈다 접기를 수 십 차례 결국 접었다
학교에서 읽은 신약전서는 수월했는데
친구가 준 신약성서는 왜 그리 어려운지 몰랐다

자유교양인지 뭔지
책 사달라고 얘기라도 해보지 그랬어?

훗날 울 엄니 계면쩍어 하셨다
자식 책도 사주지 못한
자조 섞인 사과와 화해의 웃음

소년은 안다
부족함에서 깨치는 이치를
눈물 젖은 빵에서 소통하는 원리를

자유교양 도서 살 수 없었던
그 빈한은 틀림없이 고마운 일이다

책 없던 답답함
그 갈증 해소하느라
지금껏 책 벗하고 유유자적 살고 있으니까

혼자 한 속앓이가
시가 되고 노래가 되어
가을 영혼 풍요로이 채우고 있으니까

2018. 10. 11.

곤봉과 아령   – 울 엄니 97

어릴 적
곤봉 한 세트
집안에 줄곧 굴러다녔다

길이 사십 센티
중량 일 킬로
머리 목 몸통으로 구성

작은 구슬 모양의 머리
미인 허리처럼 가느다란 목
점차 굵어져 배불뚝이처럼 둥그런 몸통

가을운동회에서
작은 형이 쓰던 거란다

울 엄니 말씀 듣고도
어디 쓰이는 물건인지 당최 몰라
동생 친구 어울려 놀잇감으로 썼다

절굿공이로 쓰거나
마른 명태 으깰 때도 썼지만
무엇보다 백미는 꿀밤 대용

양쪽 관자놀이에
곤봉 머리 대고 몸통끼리 부딪치면
진동이 주는 아찔한 고통에

벌칙 받는 친구
우릿한 비명 토하면
주변 녀석들 마냥 낄낄거렸다

장난도 난리라니까
다치지 않게 하거라

울 엄니 이런 걱정에
보란 듯 짓궂게 굴어도
상처 입히지 않는 게 암묵 약조

곤봉은 이렇게 돌리는 거야

이따금 작은 형
검지 중지 사이에 곤봉 머리 걸고
좌우로 손목 돌리면서 으쓱 으스대면

소년 질세라 따라 깝치다가
작은 형 날리는 곤봉 꿀밤에
머리채 감싼 채 잉잉거리며 삐댔다

근검절약 때문에
올해 가을운동회는 없다

국민학교 다니는 내내
고대하던 가을운동회는

오 학년 때 한 차례만 열렸을 뿐

작은형 흉내 내 틈틈이 돌리던 곤봉
몸통 마구리에 리본 매달아
운동회에서 멋지게 돌리고 싶었건만

곤봉 체조는
육 학년 선배들의 몫
오 학년은 아령에 만족해야 했다

운동회 때
아령 사 오래요

목공예 배우던 큰 형
시큰둥한 동생 위해
멋진 나무아령 깎아 주었으나

소년 시선
삼백 명 함께 연습하는
육 학년 곤봉 매스게임 향하니

삼백육십 명이 벌이는
오 학년 아령 체조
도무지 싱겁기 그지없었다

그 아령

나한테 팔지 않을래?

반 친구 동화
매끄러운 아령 값으로
동전 이십 원과 투박한 아령 내민다

곤봉 체조에만 쏠린 관심
시큰둥한 아령 체조
한 치 미련 없이 맞바꾸었다

라면 볶은 듯 뽀글뽀글 과자 자야
와자작 깨무는데
돈이 주는 열매는 퍽이나 달았다

니 건 어쩌고
못 생긴 걸 갖고 다니니?

맞바꾼 뭉툭한 나무아령
울 엄니 보시고 까닭 물으시어
잃어버렸노라 거짓말로 얼버무렸다

소 팔러가는 데
끌려가는 개처럼
아령 매스게임 따라하다 끝나고

하얀 리본 매달고 벌이는

육 학년 곤봉 체조 바라보며
이듬해 운동회 학수고대 했건만 기회조차 없었다

이것도
이젠 버려야겠지?

그 후 칠 년 뒤
대학에 가느라 이삿짐 정리하던 차에
울 엄니 낯익은 곤봉 아령 들어 보이신다

물건 내다 버리기
본디 꺼리시지만
소년 끝으로 전혀 쓸모없는 걸

왜 그토록
버리지 않았을까 싶은데
울 엄니 스무 살 아들 물끄러미 바라보신다

이건
엿 바꿔 먹었지?

화끈거리는 얼굴
운동회 날 친구가 들고 있던
나무아령 보았노라 말씀하신다

지난 일이야 잊히는 법이라지만

다 아시고도
그토록 오래도록 한마디 없으셨다니

내 아이에게
나는 어떠했던가?
어떤 모습 보이고 살아가는가?

큰 형 수고 엿 바꿔 먹듯
아이의 노력과 정성
너무 가벼이 여기지는 않았는지

넉넉히 기다려 주어도 될 일
송곳처럼 찔러
상처 주지 않았는지

오랜 기다림 긴 침묵
어머니 그저
여태껏 송구할 따름입니다

2018. 10. 12.

여로(女路)   - 울 엄니 98

그 옛날 옥색 댕기 바람에 나부낄 때
봄 나비 나래 위에 꿈을 실어 보았는데
나르는 낙엽 따라 어디론가 가버렸네
무심한 강물 위에 잔주름 여울지고
아쉬움에 돌아보는 여자의 길

이미자 애절한 목소리가 여로 시작 알리면
기다리고 기다리던 드라마
오후 일곱 시 반 전국이 출렁거렸다

여로는 노랫말처럼 여자의 길
전쟁 전후를 배경으로 풀어가는
기구한 인생 역정 분이의 애틋한 이야기다

버짐 피고 기계충 번진 머리
바람 줄줄 새는 빠진 앞니
대책 없는 바보 혀짤배기소리

아부띠야 데기타기 핫짜 외치는
스무 살 넘도록 한글조차 못 깨친
다리마저 절룩거리는 반편이 신랑 영구

이런 한심한 사내에게
씨받이로 팔려온 분이
게다가 작부 사창가 너더분한 흠까지

극성맞게 구박하는 시어머니 시누이
틈바구니에서 고생고생하다
과거 들통 나 속절없이 쫓겨나는 분이

하지만 끝내 역경 딛고
행복 찾는
애련하고 갸륵한 여인 분이

언젠가 오랜 옛날 볼우물 예뻤을 때
뛰는 가슴 사랑으로 부푼 적도 있었는데
흐르는 세월 따라 어디론가 사라졌네
무심한 강바람에 흰 머리 나부끼고
아쉬움에 돌아보는 여자의 길

아씨를 뛰어 넘어
드라마 사상 최고 시청률 칠십 프로
나라가 온통 드라마 여로 마법에 걸렸었다

칠이 년 사 월에서 섣달까지
분이가 웃으면 국민이 웃고
분이가 울면 국민이 울었다

서울 시민 오백만 시대
텔레비전 보급 육십만 시대
꼬맹이들 오 원 내고 만화방 드나들던 시대

택시 기사 운행 중단하고
동네 아줌마 일손 놓고
전파사로 만화방으로 여로에 녹아드니

거리는 흠뻑 고요하고
텅 빈 집은 도둑 흠씬 뻔질나고
국무회의 여로 줄거리로 흠흠 말문 열고

영구 역 장욱제 바보 연기
아이들 흉내 내다 혼쭐나기 일쑤
훗날 단골 개그 봉숭아학당 원류 모델

분이 역 태현실 나타나면 남녀노소 위로하고
시어머니 역 박주아 거리에서 욕설 봉변당하고
그렇게 나라 전역에 파도 몰아치고 광풍 일었다

우리 집에
여로 보러 가자

여로가 일으킨 일진광풍
작은 항구도시
속초라고 비껴갈 수 있었으리

공무원 봉급 네댓 달 치 모아야
간신히 살 수 있던 텔레비전
한 학급에 대여섯 명만 보유하니

여로 보려면 잘 사는 친구 집에 가야 했고
소년 종종 가던 곳은
동급생이자 동네 친구 웅종이 집

해질 녘까지 어울려 놀다가
친구들 하나 둘 귀가하면
웅종은 소년에게 슬그머니 인심을 썼다

예나 지금이나
궁금증 유발이 관건인 드라마
다음 날 보지 않고는 못 배기는 유혹

밥 얻어먹고
여로 시청하고
며칠째 이어지는 어둑한 귀가

영구 흉내 내며
집으로 들어서는데
울 엄니 눈빛 심상치 않다

만날 이렇게
늦으면 어쩌자는 거냐?

그날 부로 소년
그지없이 재미난 여로
한동안 마주할 수 없었다

줄거리가 궁금해 물어도
어눌한 친구들 설명에
가슴 턱없이 답답하였고

기회 살피던 아들
울 엄니 늦은 귀가 날 잡아
웅종 집에서 여로 보고 나서는데

대문 앞에 떡하니
버티고 선 울 엄니
눈이 이글이글 타올랐다

따라 오라 이르시며
자박자박 앞장선 걸음
귀신이 뒤통수를 끄는 듯 식은 땀 흘렀다

늘 그랬듯이
회초리 가져 오라 하시고
꺼내어 건네니 종아리에 화끈 불이 난다

잘못 했노라 다시는 그러지 않겠노라
시키는 대로 앵무새처럼 되뇌면서도
늦은 귀가 이유 매질 마뜩치 않았다

뭐가 잘못인 줄
정말 모르겠어?

서럽게 우는 아들 앉히고
지엄히 묻는 울 엄니
눈시울이 붉어져 있었다

약속을 지키지 않았어
(강요된 약속이잖아요?)
미리 가겠다고 허락 받지도 않았고
(여로 보는 게 무슨 죄냐고요?)

건너가 자거라
나중 보자

웬 일인지 선뜻 보내 주셨으나
윗방에 누우니 하염없는 눈물
귀 타고 흘러 베갯잇 적시었다

늦은 귀가라고 해 봐야 여덟 시
다들 즐겨보는 드라마
아들에게 못 보게 하는 건 억지라는 생각 뿐

그 날부터 울 엄니
그 여름 다 가도록
꼭 필요한 말씀 외에 침묵이셨다

부지불식간 긴장 느슨해지면서
슬쩍 여로 보고 귀가해도

입도 벙긋하지 않으셨다

그로부터 사십 년
아들이 낳은
아이 자랄 적

여로 보다가 매질 당하던 날
울 엄니 뜻 비로소 헤아리니
오오 둔재(鈍才)의 막급 회한이여!

아들아
드라마건 게임이건
욕구에 빠져 들면 헤어나기 난망이란다

아들아
지지 않아도 될 신세는
지지 않고 살아야 당당한 법이란다

아들아
자제하면 자존지위(自尊之位)
그야말로 번연 번듯한 네 자리란다

2018. 10. 14.

전과

− 울 엄니 99

매 학기 끝나고
새 학기 시작되기 전
새 교과서 받았지만

교과서 살 형편
어렵던 아이들
이웃 선배 쓰던 책 물려 썼다

학기 내내
깨끗이 쓴 책 얻으려면
열심히 공부하지 않은 선배나

달력으로 표지 씌워
깔끔히 쓰는
꼼꼼한 선배 책이 좋았다

헌 책이든 새 책이든
달력으로 싸는 건
꼬맹이들의 사소한 축제

삼삼오오 모여
칼로 자르고 가위로 오려
근사한 필체로 교과목 써 넣었다

조각하는 형이 있어 참 좋았다
빗금 그은 서체로 근사하게

교과목 이름 써주었으니까

교과서 준비 끝나면
학생 대부분
표준전과나 동아전과 마련해야 했다

돌이켜 보면
전 과목을 줄인 전과라는 이름은
국민학생으로서는 참 어려운 한자어였다

지식 식견 넓히기 전
전과는 전 과목 숙제에
거의 모든 답을 주는 척척박사

울산바위 전설도
해골 물 마신 원효 이야기도

모두 전과가 준 기특한 선물이었지만

무엇보다 어려운 건
국어 숙제
전체의 대강(大綱)이었다

어느 담임 막론하고
무슨 말인지도 모르는 꼬맹이들에게
전체의 대강 써오라는 숙제 주셨고

아이들 어쩔 수 없이
전과 보고
고스란히 베꼈으나

전과조차 살 수 없었던 소년
전체의 대강 쓸 줄 몰라 쩔쩔맸고
간신히 써도 전과보다 턱없이 모자라 서러웠다

친구들 전과 베끼는 줄도 모르고
전체의 대강 척척 쓴 것에
무능함 느껴 자책하며 지냈으나

아주 오랜 뒤 글쟁이로 살다 보니
그 시절 참으로 안타까웠다
담임께서 이렇게 일러줄 수는 없었을까?

이 글에서 하고 싶은 말이 뭘까?
그걸 요약해 오면 돼
대강이란 말은 줄거리란 한자어거든

살면서 늘 허우적거리는 게
개념 이해 부족에 기인함을
그 시절 꼬맹이 어찌 알 수 있었으랴

악화가 양화를 구축한다
여기에서 구축(驅逐)이 몰아낸다는 뜻임을
정치경제 교사는 왜 알려주지 않았는지

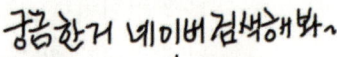

부정사는 부정(否定) 의미 아니라
품사가 정해지지 않아 부정(不定)이라는 걸
영어 교사는 왜 일러주지 않았는지

그러고 보면 참 어리석었다
전과 열심히 보면서
정작 전과가 무슨 말인지 몰랐으니까

생각해 보면 여전히 어리석다
인생 열심히 살면서
정작 인생이 무슨 뜻인지 모르니까

2018. 10. 18.

오징어   － 울 엄니 100

울 아바이 해마다 이까바리 하셨다
남바리도 가시고 연안 조업도 하셨다

오징어 개락으로 잡혀
집집마다 가시철망에 오징어 걸어 말렸고

아들도 울 엄니 도와
오징어 잘 마르도록 꼬챙이 끼워 다리 벌렸다

길 가던 꼬맹이들 몰래 다리 뜯어 먹다가
울 엄니한테 걸려 혼쭐나기도 하고

해풍에 다 마르면 뒤꿈치로 꾹꾹 잡아 늘려
스무 마리 한 축씩 엮어 내다 팔았다

비가 오면 오징어 말리기 골칫거리
창고에 연탄불 피우고 선풍기 돌리면 동네가 구터분했고

집에서는 먹어치우느라
구이 회 찜 물회로 오징어 반찬 함빡 넘쳤다

아버지 주무시니
나가서들 놀아라

밤새 오징어잡이 마치고 아바이 귀가하시면
울 엄니 젖먹이만 빼고 모두 몰아내셨다

이 학년 여름방학 직전 일요일
검정고무신 뒤집어 자동차 놀이 하다가

점심나절 배고파 들어가니
곤히 주무시는 아바이 향해 부채질하시던 울 엄니

찬밥 데우고 오징어 데치고
총각김치 숭숭 썰어 삐악거리는 자식들 먹이셨다

이따 두 시쯤
오징어 뒤집어 널어야 한다

집안 일 돕던 두 형 상경해
꼬맹이가 대신하는 형편 불구

장마당에 모여 노는
일구 시장 근처 살던 친구들

똥꼬 잡으러 가자는 말에
대뜸 영랑호 따라 갔다가

어스름 늦은 저녁 귀가하던 중
오징어 거두어진 가시철망 보고 가슴 철렁 내려앉았다

회초리 가져와
이건 약속을 지키지 않은 벌이야

종아리 걷고 회초리 맞으며
끝내 잘못했다는 말 하지 않으니

피가 터질 무렵 매질 멈추고
울 엄니 깊은 한숨만 누차 몰아쉬었다

밀린 육성회비 주세요
오늘 주신다고 약속했잖아요

이튿날 등교 시각 울 엄니 몸뻬 속주머니에서
백 원짜리 지폐 한 장 꺼내 한 달 치 내라 이르신다

넉 달 치 밀렸는데 고작 한 달 치라니
담임 윽박질 떠올라 백 원 받지 않고 버티니

싫으면 관둬라 하시며
도로 집어넣으시고 부엌 안으로 사라지신다

육성회비 준다던 약속 어기고
왜 나만 약속 어겼다고 혼쭐나는 것인가?

나도 육성회비 안 줘서 학교 안 가
학교 안 가면 디게 편해

뒤틀린 심사 학교 가다가 만난 오 학년 동네 형
사연 듣더니 아무렇지도 않게 뱉는다

범띠는 국록을 먹어야 한다는 아바이
학교 안 가면 육성회비 독촉 없다는 동네 형

한참을 망설이다
등교하지 않고 형들과 대책 없이 어울렸다

구슬치기 딱지치기 하면서
기다리는 하교 시간은 참으로 길고 지루했다

옜다
내일 갖고 가거라

내막 모르는 울 엄니
저녁 밥 먹고 잠자리 들기 전 육성회비 삼백 원 주셨고

이튿날 등교했는데 담임 왜 결석했느냐 하시기에
몸이 아팠다 하니 군말 없이 넘어갔지만

등교하지 않고 형들과 어울린 그 시간
어리석음에 후회스럽기만 했다

게다가 그날 결석으로 육 년 개근상 못 받았으니
서툰 일탈이 준 아픔은 사뭇 씁쓰레했다

오징어 뒤집어 널라는
한 마디 어김에서 비롯된 일탈이

육성회비 미납이란 변인을 만나 탈선 길목에 섰던 정황

울 엄니 세상 뜨기까지 담임 헤어지기까지
누구도 몰랐던 소년만의 의뭉스러운 비리

위태로운 세상살이
찰나 오판으로 추락하지 않음이 고마움일 진저

석 달 치 육성회비 이튿날 보상 없었다고
이후로 내내 곤두박질쳤을까마는

지금도 마른 오징어 먹을라치면
다리 사이 땡땡이 추억이 슬그머니 피어난다   2018. 10. 25.

| 에필로그 |

6080 추억스케치 1 - 누나
　　　　　　　/최상용(속초고교 29회)

누나는 왜 중학교 안 다녀요?

사 학년에 오르고 며칠 뒤
눈치 살피며
소년 어머니께 여쭈었다

하얀 칼라 교복차림에
구두 신고 등교하는
누나 친구들의 화사한 재잘거림

반면 누나는 중학교 대신
콩나물 기르고 빨래하며
허드렛일로 부모님 도우셨다

서울 가서 다닐 거다

육십 명 가까운 한 학급 정원에
중학교 진학 못하는 친구가
여남은 명에 달하던 가난은 진저리

다섯 남매의 맏이를
학비 내지 못하는 형편 탓에
중학교 못 보내는 어머니

그 저민 가슴 미처 헤아리지 못한
꼬맹이 한심한 질문에
깊은 한숨 뱉으며 말씀하셨다

누나가 서울 가게 됐으니 배웅하거라

그해 가을 누나에게
김치 적을 부쳐 먹이고
울 엄니 친구 따라 보내실 적

소년과 동생들에게
이리 말씀하시고 정작 어머니
보강지 앞에서 소리 없이 눈물지으셨다

영문 모르는 소년 꼬옥 포옹한 누나
한참을 흐느끼더니
공부 열심히 해라 이르고 종종 떠나셨다

넌 그날 내가 어디로 간 줄 아니?

그로부터 스무 해 지나
사법고시 준비한다며
삼 년 째 동생들마저 버겁게 하던 어느 날

다 큰 소년 응시하며
작정한 듯 뿜어내는
누나 눈빛 으스스 다부졌다

강릉으로 남의 집 살이 간 거였어
눈가에 이슬 맺히더니
이내 펑펑 목 놓아 우셨다

그럴 수가…

동생 앞에서의 서글픈 고백
무시무시한 둔기로
한 방 뒤통수 맞은 듯 당혹스러움

엄청난 후회가
쓰나미처럼 밀려들고
서러운 가슴 갈기갈기 찢어졌다

소년 그날 이후
고시 공부 접었다
생계 책임지는 가장으로 돌아왔다

공부하겠다는 자식
돈 없어 못 보낸 건 창피한 노릇이지

강릉을 거쳐
서울에서 야간학교 다니며
힘겹게 살아온 어여쁜 누나

울 엄니 여든 넘어서도
그 시절 떠올리면
애련한 가슴 쓸어내리신다

말조차 꺼내지 못하게 하며
딸에게 사죄하듯
애잔한 마음 다독이신다

너희가 고생 많았지

형이 돈 벌어 동생 학비 대고
누나가 돈 벌어 집안 생활비 보태고

언니 오빠가 돈 벌어 동생 시집장가 들이며

궁핍한 시절 우리 다들
그만큼 아리고
그토록 쓰라렸다

하지만 추억할수록
고생스러웠지만 참 잘 살았다
오순도순 아옹다옹
밀어주고 끌어주며 참 잘 살았다

골 깊을수록 산 높듯
고통 깊을수록 기쁨 크다는
웅숭깊은 이치 깨치며 참 잘 살았다

2018. 4. 10.

6080 추억스케치 2 – 아찔한 기억
/조영길(속초고교 32회)

뒤울안 복사꽃
유난히 해사스럽던
강원도 대진 바닷가 작은 초가집

미역바리하는 아바이 따라
다섯 살 배기 영길
집 나서 부둣가 다다랐다가

덴마에서 아바이

이물에 찬 물 뺄 적
고물에서 놀던 영길 바다에 추락했다

영길은 꼴깍꼴깍
숨이 넘어 가는데
눈치 못 채고 물만 철퍼덕철퍼덕

지나던 엿장수 허겁지겁
팔 뻗어 영길이 건져 올리니
아바이 황망함에 머리는 어질어질

흠뻑 젖은 아들 등에 업고
생사 넘나든 가슴 안고
소주 됫병 사들고 귀가하셨다

미역발이도 시원찮은데
애만 죽일 뻔 했잖수

옷 갈아입은 영길
한 숨 쉬며 잠에 드는데
아련히 들리는 울 엄니 탄식

오오!

아바이 2년 뒤
자식 돌아온 길
대신 가실 요량이었는지

조업 나간 배에서
영문 모르게
돌연 세상 뜨셨다

그로부터 수십 년
해마다 복사꽃 피면
아찔한 기억 애련히 떠올려

아바이 잡숫던
회한 염원 안주 삼아
애먼 소주잔만 하염없이 기울인다

죽었다 살아났으니
오래도록 잘 살아야 한다

2018. 12. 3.

어머니의 눈과 입으로, 소년의 머리와 가슴으로 들여다본 칠공팔공 년대. 그 시대를 써내려 가는 것은 역사를 기록하는 작업이었다. 그것은 속초와 고성의 역사를 뛰어 넘는 시골에서 살았던 토래들의 역사 기록이기도 하다. 필자는 역사를 기록한 이런 글과 그림이 양산되길 기대한다. 관광객이 들르는 상가에서 해당 지역의 역사를 조명한 시와 수필을 읽는다는 것은 생각만 해도 흐뭇한 일이다.

이번에 기록한 백 편을 마치면서 필자는 또 다른 소망을 갖게 됐다. 필자의 경험으로 기록된 역사보다는 우리들 모두가 경험한 역사를 기록하고 싶다는 욕구가 그것이다. 그래서 '6080추억스케치' 라는 이름으로 백 명의 다른 사람들 이야기로 꾸려보기로 했다. 에필로그에 최상용 조영길 후배 글을 게재한 이유가 여기에 있다.

역사는 기록하는 자의 것이다. 역사는 책임진 자의 것이다. 기억 너머로 아련히 사라지고 말 수도 있는 우리들의 이야기를 차근차근 엮어내는 일, 그것은 다름 아닌 역사를 창조하는 일이다. 새역사를 창조하는 작업에 많은 분들이 동참하길 바라마지 않는다.

울엄니

1판 2쇄 발행 / 2019년/6월/20일
저자 | 신상득
일러스트 | 조영길 화백
캘리그라피 | 운암 임제철 서예가
발행처 | 주식회사 한주
　　　　(www.hanju1985.co.kr)
주소 | 경기도 고양시 일산 서구 대화로 45-1
전화 | 031-917-6988
팩스 | 031-923-4107
디자인 편집 | 주식회사 한주 · 서락기획
인쇄 | 창원문화(031 -8071- 1488)
제본 | 주식회사 한주
판매처 | 재경 속초시민회
ISBN: 979-11-965584-1-3

● 본 서의 내용을 무단 복제하는 것은 저작권법에 의해 금지되어 있습니다.
● 파본이나 잘못된 책은 구입하신 곳에서 교환해 드립니다.